风雨有岸，
教育有爱。
我在这里，
等你来去。

寻找教育本真

沈传标 著

河南大学出版社
HENAN UNIVERSITY PRESS
·郑州·

图书在版编目（CIP）数据

寻找教育本真 / 沈传标著．—郑州：河南大学出版社，2018.12
ISBN 978－7－5649－3642－6

Ⅰ.①寻…　Ⅱ.沈…　Ⅲ.①中小学教育-教育研究-文集　Ⅳ.①G632.0-53

中国版本图书馆 CIP 数据核字（2018）第 301154 号

责任编辑　孙增科
责任校对　聂会佳
封面设计　翟森森

出版发行　河南大学出版社
地址：郑州市郑东新区商务外环中华大厦 2401 号
邮编：450046
电话：0371-86059712（高等教育与职业教育出版分社）
0371-86059701（营销部）
网址：www.hupress.com

排　　版　河南宏运蓝图文化传媒有限公司
印　　刷　河南瑞之光印刷股份有限公司
版　　次　2019 年 9 月第 1 版
印　　次　2019 年 9 月第 1 次印刷
开　　本　710mm×1000mm　1/16　　**印　　张**　20.5
字　　数　257 千字　　**定　　价**　78.00 元

沈传标，男，齐鲁人士，1967 年出生于鲁西平原。读师范，当教师，从教于家乡近 10 年，爱生如手足，小有感悟。1999 年初，寻梦南下。先供职于广东碧桂园学校，三年后，适逢东莞东华学校初建，遂与莞邑结缘。杏坛数十载，孜孜以求教育之本真，虽路之遥遥，心之切切，但初心不改，步履不减。

序

黄旗燕岭，巍巍东华。岭南的温润遇上北国的豪迈而成就了温文儒雅的谦谦君子。

我一直企盼着能看到一本学养深厚、文风细腻的书。如今，有幸读到东华初级中学沈传标校长的著作，书中谈到他独到的教育方式和针对教育的诸多思考，这让我慨叹良久。

全书中让人印象深刻、最难以忘怀的是，作者在执教的过程中，用自己设计的故事《303 房间的秘密》激发学生的好奇心，通过人物的出场、情节的推进、细节的强化、神秘色彩的浓墨重笔，抓住学生的心，创造身临其境、引人入胜之感。《303 房间的秘密》永远不会结束，这个故事永远有续集，正如作者一如既往追寻教育方法的脚步一样，一直未曾停下。

这其中，读来最让人钦佩的是作者每日于校园中漫步之时，仍不忘关注外界的变化：不管是花开正艳的木棉树，还是踽踽独行的学子。木棉花永不凋谢，我们还记得她的精神和美丽。不管是解决哲学难题，学会辩证思维的同学；还是坚持进步，需要对自己更加充满信心的孩子；抑或是那些封闭了自己的“门”，等待润泽和呼应的心……此生中能够幸运地遇见沈校长，那些踽踽独行的孩子永远也不会孤独。

全书中吸引我的另一个部分是作者关于教育的阐释和见解。“东华大课”将培养学生的能力与素养融于课堂，兼具品德与情趣的培育。作者在眼见互联网的出现之后，进而思索教育的新发展，思考传统教育在坚守的同时更要想着走出去。诚如作者所说："课堂，不应是平面的，而应是立体的、开放的、发散的，其间的'加法'与'减法'则取决于决策者的眼光，加之践行者的实操。"

作者作为中学校长，紧紧跟随时代步伐，积极思索教育信息化的快速发展给课堂结构以及教与学的理念带来的深刻变革，主动运用互联网教育的思维，在新的时代，引导教师和学生在互联网这个丰饶的园林中撷取圣果。

如今，"互联网+"教育已成为一股势不可挡的浪潮，教育的智者必定要去接受它，适应它，作者在自我接受、自我发展之时，还不忘带领全校教师一起追寻"互联网+"，引领整个学校步入教育的"无边际时代"，诚然让人钦佩不已。

正如作者所说，同行者众！泱泱大校有这样一位儒雅的校长引领，列于教育的前茅又有何愁！

（洪安）

同行者众

《诗经·北风》有云："北风其凉，雨雪其雱。惠而好我，携手同行。"

一个人独行，始终有一种无法摆脱的茫然。虽然众人熙熙攘攘会让人生厌，但形单影只的孤独更易让人对远方失去信心。

一群人同行，总会产生一种能量聚集的张力。虽然前方歧路多变，荆棘不可避免，但只要同心向前，长路即短途，其道有大光。

俞敏洪站在"新东方"的起点上准备出发时，先飞美国，请来了徐小平和王强，组建了"中国合伙人"的雏形团队。现在，东方人谁人不知"新东方"？

十六年前的一天，杭州湖畔一间破旧的房子里，"十八罗汉"密谋创业，那个"领头人"就是颜值不高的马云。今天，阿里巴巴堪称"帝国"，岂是一人之力？

任正非的华为在全球已有八万多员工，他们大多是科技精英和社会中坚。智慧之大聚，华为已是世界的华为。

成大事者，不可忽视团队的力量。

每个人都是一个"能量场"，但只有与更多人的"场"聚集在一起，能量方能撼天动地。

今年八月，当风景秀丽的东莞松山湖生态园建起一座高端、大气而壮美的现代化学校时，很多人不敢相信，东华何以在如此短的时间内建起一所成规模的学校？

我笑着对不解的人说，你知道20世纪80年代的深圳吗？国贸大厦三天一层，造就了一个名噪一时的新词——“深圳速度”。其实，我们东华凭借的就是“东华速度”和“东华效率”。

很多人不知，这就是东华团队的力量。

同行者众，凝心聚力，岂有难事可言？

一位刚毕业的大学生加盟东华，惊奇地说：“东华太大了！人才济济。”然后又不自信地说：“我感到自己很渺小。”

一位来东华工作多年的老师说：“东华是个大熔炉，在这里，你可以很快被炼成一块质量上乘的好钢，只要你愿意。东华，没有弱者。”

我说：“东华是一座丰饶的园林，拥有取之不尽的圣果，这里的每个人都是‘富翁’，你绝不会“贫穷”；东华是一个集团军，正迈着正步大步向前，成为其中的一员，你会拥有东华的力量、自信与荣耀，你绝不会渺小，更不会孤单。”

一位家长说：“我一定让孩子报读东华，不仅是希望孩子的学业有好的发展，更是希望十年二十年后孩子拥有更多优秀的东华同学，这个丰富的资源是金钱无法买来的。”

另一位家长说：“东华拥有一种强大的气场。同龄的孩子聚在一个拥有豪华阵容的平台上，平行的模仿与借鉴、高下的交流与互补，不是老师可以替代的。”

我说：“在东华，老师站成排，排成列，列成阵，护卫并引领着每一个孩子快乐地向前走。我们深知，每年 9 月，父母牵着孩子，牵着家庭全部的希望，来到学校，将孩子送到老师的手中。老师接过的不仅仅是家庭的希望，还有孩子的一生，更有我们这个国家与民族的未来。这是东华一族应有的担当。”

一列驶向远方的列车，沿途站点会有很多人上来，也会有人提前下车。但是，所有乘车之人心中都有同一个方向、同一个愿景。

萧伯纳曾经说过，生命中真正的喜悦源自当你为一个自己认为至高无上的愿景献上无限心力的时候，它是一种自然的、发自内心的强大力量，而不是狭隘地局限于一隅，终日埋怨世界未能给你快乐。同行者之所以拥有同样的快乐，源自同样的愿景。

曾经有人问我，东华的老师辛苦吗?

我反问他，什么是辛苦?他不知如何回答。

我告诉他，真正的辛苦是“心”苦，而不是体力之苦。东华人一起向前走，一路笑语欢歌，心乐之，何苦之有?

还有人问我，东华的学生辛苦吗?

我说，你见过草原上万马奔腾的壮观景象吗?向着一个目标奔驰的骏马还会觉得辛苦吗?

目　录

课堂之语

003 ▎课堂：教师的“气场”，学生的舞台

006 ▎课程整合中的“减法与加法”

008 ▎东华大课

011 ▎“活水”课堂

013 ▎教育已进入“无边际时代”

016 ▎教师，你追得上“互联网+”吗

019 ▎必须进行的接轨

024 ▎课堂语言的温度、力度和美度

教育之语

029 ▎我们离教育理想有多远

032 ▎教育真的很复杂吗

035 ▎教育，不可缺少“同理心”

039 ▎教育，有没有如果

042 ▎打开那盏灯
——从佛法看教法
045 ▎从“透视原理”看教师的课堂站点和视点
048 ▎校园生活的“动”与“静”
051 ▎警惕“教育虚无主义”
054 ▎春暖未必花开
057 ▎在学生心中，你是谁
060 ▎课堂上慎用“主观定性评价”
063 ▎教育之“融”
066 ▎“严”与“爱”不是教育中的悖论
073 ▎一个不得不思考的现象
076 ▎读懂他，就要懂得如何与他“交际”
080 ▎给孩子一个支点
083 ▎呼唤直达心灵的教育
086 ▎教育的前提是接纳，然后才是因势塑造
089 ▎“一松两减”之后的“倍增计划”
092 ▎三种人不适宜做老师
094 ▎现在不在，未来已来

教师絮语

099 ▎初心
102 ▎今天，我们需要什么样的老师
110 ▎今天，如何做老师
——与年轻教师交流

114 开学“九句话”，说给亲爱的教师们
117 不要忘记
——给年轻教师的八个忠告
122 感动与分享
126 如何对待犯错误的孩子
130 谁来关心教师的心理问题
134 幸福的“炫耀”
137 幸福中的风景
——写在2015年教师节

师生心语

143 东华学子应具备的六大特质
145 “筷子题”难解的背后
148 孩子，你不是“差生”
150 今夜，这里没有风雨
153 你是否关注那些孤独的孩子
156 你有那把钥匙吗
——如何与青春期的孩子交流
160 一个叫“晨”、一个叫“曦”的女孩子
162 与一个被罚站的学生的聊天记录
168 从这里到远方
——在初三毕业典礼上的讲话

171 ▎开启壮美人生之路
——在2016届毕业生百日冲刺动员大会上的讲话
175 ▎让明天的你为今天的你喝彩
——与2017届学生探讨中考意义
179 ▎人生是一程“欢渡”
——在2017届初三学生毕业典礼上的讲话
184 ▎写给参加高考的学生们
187 ▎在最美的季节，任性地成长
——给全体学生的一封公开信
189 ▎走好你的每一步
——在东华初中毕业典礼上的致辞
193 ▎精神的成长
——与初三学生谈中考
197 ▎关于青春的三个比喻，说给我的学生听
199 ▎用你的青春赢得未来
——2019年中考之前和毕业班学生谈公平与努力

生活之语

205 ▎永不凋谢的木棉花
209 ▎“圈子”杂谈
212 ▎“三无漫谈”刍议
214 ▎你何时能去除劣根、培育慧根

216 | 声音
219 | 也谈“霾”
222 | 敦煌，敦煌
224 | 贺兰山下
226 | 欧洲文明断想
229 | 千年孤独
231 | 夏行宁夏
233 | 奔跑吧，校长
236 | 春之泱泱
239 | 你的时刻
242 | 人生是乘法而不是加法
——夜读稻盛和夫的人生方程式
244 | 跨进 2016 年的门槛
——写给行进中的自己
247 | 303 房间的秘密
250 | 那只小鸟
254 | 夜风敲窗
256 | 归巢
260 | 平原落日

家教之语

267 | 父母的不良情绪给孩子的潜在伤害

269 家庭与学校应有的八点共识
277 在最美的时光，与孩子同行
——给家长的一封公开信
280 请告诉孩子

东华之语

285 从东华山到黄旗山
288 东华，令人惊艳的中考红
290 九十九级台阶
293 燕岭，燕岭
296 十二年，我依然记得
300 东华向前
——在东华教育集团松山湖生态园校区一期工程竣工启用典礼上的致辞
303 向美而行
——在2018届学生毕业典礼上的讲话
307 向东华新生提出三点希望
310 东华学子特质赋
314 2019年新春，对东华学子的三点希望

课堂之语

课堂：教师的“气场”，学生的舞台

有人说，气场是一种神秘的能量，是一种看不见但的确存在的磁场。

研究表明，一个人的气场是由其性格、修养、学识、专业、品位、形象、精神等元素构成的一种独特的能量，实力与魅力决定了气场的强弱。气场中所散发出的能量可以感染人、熏陶人、影响人、改变人。

教师的“气场”主要表现在课堂上。课堂如同教师的“道场”，是教师传道、授业、解惑的主阵地。教师的课堂控制力、知识传播力、思想渗透力、活动组织力、情感渗透力决定了教师“气场”的大小。

教师的“气场”不是天生的，而是后天多种因素累积而成的综合效应。中国现当代很多博学多识的国学大师都有让学生深为震撼的“大气场”。鲁迅到厦门大学教授中国文学史，原本只有十多人上课的教室总是座无虚席，窗外走廊常常站满人，就连生病的学生也赶去听课。胡适先生的演讲式教学深受北京大学学生喜欢，常常因红楼教室人满为患而搬入二院人讲堂，他讲课从不发讲义，自己也没有讲稿，足见其胸中有丘壑。中山大学陈寅恪先生的学生曾经讲过，陈先生的课绝非任何课程所能相比于万一，他任何废话都不说，其崭新的见解，常令人顿生石破天惊之感，听他讲课，简直是最高最纯的享受。朱光潜在清华上课时，讲深奥玄虚的美学道理，句句仿佛都能钻入学生心中，他深通西方哲学和流行的美学流派，而对中国旧的诗词又极娴熟，所以在课堂上引东证西，触类旁通。那些令人敬仰的大师身上总能产生类似磁波一样的力量，强力吸引着学生。

在中小学的课堂上，我们也常常看到有“气场”的老师。老师声情并茂的诵读，让全班学生忽而激情澎湃，忽而潸然泪下；老师的一句话、一个眼神、一个微笑、一句鼓励，让学生怦然心动；老师传递的一个知识信息、组织的一次学生活动，让学生久久不能忘怀；老师一次批评、一次愠怒、一次真诚的责备，给学生深远的影响；老师对学生人生的规划、思想的引领、精神的启迪、不倦的教诲，老师对学生心灵的洞察，以及师生心理天然的默契所形成的感动……这些都是教师的“气场”在发挥着作用。

学习，积累，热爱学生，是教师产生强大“气场”的根本。

教师以“气场”控制课堂，但不能包办课堂，课堂应当是学生思辨的舞台。

现代教育对学生主体作用的凸显非常重视，合作学习已经成为课堂建构的趋势。有两个问题必须搞清楚：谁的课堂？谁来做主？现代课堂已由以教师讲授为主的讲坛变成生与生、生与师共同探究问题的论坛。学生应当是课堂的主要角色。较为理想的课堂模式应当是，课堂程序由学生、教师共同参与制定，学生和教师在进入课堂之前就清楚地知道这节课的活动内容、活动程序、活动目的，而所有的学习任务都应在教师“气场”的调控下由“学习小组”来探究完成。学生在“舞台”亮相，教师在“幕后”导演。关键时刻，教师也可以客串某个“角色”，走上前台，但是不要喧宾夺主。

诸多睿智的教育者早就认识到，课堂上，教师的组织能力体现在唤醒、激活学生学习和探究的欲望上，教师在课堂上的职责不是显摆自己多有学问，而是引领学生去探究知识。有句话说得好：“教师的真正本领，不在于讲述知识，而在于激发学生的学习动机，唤起学生的求知欲望，让他们兴趣盎然地参与教学过程。”只要给学生提供大量的合作探究机会，只要有教师的鼓励和指点，只要有教师的“气场”罩着课堂，学生在课堂这个舞台上一定能够出彩。课堂上，会说的是好学生，会听的是好教师。面对学生的合作、探究、交流、展示，教师应是一个敏锐的倾听者、准确的判断者、巧妙的提问者、高超的评价者和睿智的引领者。

教师，强化你的“气场”，你会有更大的课堂成就感和愉悦感；学生，演好你的角色，你会有不一样的收获和成长。

（2015 年 12 月 1 日）

课程整合中的“减法与加法”

到创新实验年级组办公室与许赞老师、洁云老师聊起我们的课程整合，她们对课程进行“减法与加法”的思路与尝试引起我浓厚的兴趣。

我本意是来“推销”我的“1+1”课程整合思想的。这里的第一个“1”指的是科学取舍和优化之后的国家规定的“教本”，第二个“1”指的是在“教本”的基础上衍生开发出来的具有学校特色的学生“学本”；第一个“1”的合理取舍和优化是国家课程使用过程中的再生性整合，第二个“1”的开发则是基于国本教材基础之上的延伸和拓展。两个“1”形成的过程，实际上是课程的二次整合过程。“1+1”两“本”结合，既可以丰富课程的内涵，又可以大大地扩充学生的学习外延。

思想往往是在交流中得以启迪的。虽然只是从术语性的名称开始探讨，但是不同的思考中有很多相同的感悟。创新实验年级组的老师对课程整合的思考和行动已经进入较深层次的探索。

“减法与加法”的表述比“1+1”更恰当。

“减法”就是对教材中不适合本校、本班或本层次学生的内容进行合理缩减，或在学习过程中进行快速整合处理。同时，做“减法”时可对教材的编排顺序、体例进行科学调整，形成新的教学流程。“减法”之后的教程一定是经过“瘦身”的。但是，做“减法”是为了做“加法”。一味地“瘦身”会让学生“营养不良”，而科学地“配餐”则能让成长中的学生更加出色。因此，

“减法”重要，“加法”同样重要。

如何做“减法”？什么地方可以“减”？如何做“加法”？什么地方可以“加”？“加”什么？“加”上去的内容是不是合乎学生的“胃口”？是不是能和原有教材保留下来的内容高度融合？这些都是需要深入研究的关键问题。

许赞老师谈到，做“加法”时找到“衍生点”很关键。如《紫藤萝瀑布》这样的美文应该能够找到很多“同质同美”的姊妹篇，把它们放在一起，对比阅读，不吝时间，师生共享共赏，如同品尝同一个菜系的美味佳肴，学生这方面的“味蕾”能不被激活？看似一篇文章加了多篇文章，学习的时间拉长了，但是学生的阅读和欣赏能力得以系统性的迅速提升，这就是“加法”的效益。“加法”之前的“减法”很重要，“减”得得体，“合”得无缝，需要科学研究。增减之后的体例再减一分则过简，再增一分则过繁，就是最高的标准了。

洁云老师谈到，课堂上增加的“课本剧”对学生思想品德的形成起到了非常重要的作用。改说教式的“讲”为学生理解的基础上的自编自演，一个变化将学生的主观能动性调动起来，课堂兴趣发挥出来。这就是课堂形式与内容进行整合优化之后产生的魅力。

学科内的整合只是第一步，今后，随着信息技术的飞速发展，“互联网+”的时代已经到来，各个学科与互联网的整合已势不可挡。必须清醒地认识到，互联网是一个无穷的知识宝藏，任何学科都可以以此为“拓展源”。但是，互联网上的信息又很杂乱，有时真伪难辨、良莠不齐，这必然增加了“互联网+”课程整合的难度，那是另一个话题。

单就现在课程体系下的内容整合，“减法和加法”是一个很有价值的途径。

（2015 年 10 月 30 日）

东华大课

近来，微信圈中在传一篇自称是中学教师写的文章《中学就是一座活生生的监狱》，题目危言耸听，大有“语不惊人死不休”之势。

这个世界从来不缺愤世嫉俗的人！

这个世界多么需要理性思考的人！

我不否认中国中学教育的某些弊端，但是，全面否定中学教育并以歇斯底里之词挞伐教育之“病态”，其本身就是一种病态。况且，为了达到引人眼球的目的，在批驳现行授课模式时，竟然称“班级授课制”已有几千年，并称西方发达国家已经废止这种方式。殊不知，从提出这一模式的夸美纽斯的出生之日到现在也不过300多年，而现状是，“班级授课制”仍然是当今世界各个国家课堂教学的基本形式。可喜的是，各国教育都在进行一些改革，如小班化、小组合作、选科走班制等新型的课堂模式，以弥补“班级授课制”的缺陷，但其改良之后的模式依然是以“班级授课制”为基础的。

所有“打破旧秩序”却不能“建立新秩序”的思想都是不负责任的虚无主义。

我们需要研究并思考的问题是，如何去丰富“班级授课制”的内涵而不是全盘否定它。

课堂不可废弃，因为课堂是思想凝聚和知识传递的平台。但是，课堂的外延与内涵需要怎样拓展和延伸才能与这个时代发展相匹配？东华大课是我们构建新型课堂的大胆尝试和改革。

一次全体教师大会请一青年才俊发言，此君姓李名鸿志，号称大师，领衔创新实验年级部，才思俱佳。50 分钟的发言，气势如虹，语惊四座。从形式到内容、从模式到创新，无不给老师们带来极具震撼的头脑风暴。

如“大师”这样的“高人”在东华还有很多，廷波、陆虎、曾威、吴魏、心元、霁华、许赞、晓玲、新强、水英等一大批年轻教师都可以就某一专题口若悬河讲上两个钟头，并且定能给人以新意与启迪，更不要说那些与东华一起走过十多个春秋的东华名师与骨干，他们都是东华的精神财富。

而在东华的家长群中，更是精英汇聚，高手云集。大学教授，商界巨子，教育行家，党、政、军、公、检、法等业界精英，行行都有杰出代表，他们的思想与智慧也是东华大课的一笔取之不尽用之不竭的知识财富。学校曾邀请学生黄祉箬的父亲黄绍龙先生作为商界成功人士代表来学校开设主题讲座，谈创业，谈教育，谈励志，师生、家长无不受益匪浅。

凤凰卫视有一节目，名曰《世纪大讲堂》，常邀业界精英开讲。主题涉及政治、经济、军事、科学、人文、历史、宗教、自然等内容，甚至还有风水、天象等话题，视角之广，目极之远，如同给观众打开一扇扇了解世界的天窗。东华何不效仿凤凰卫视也设一东华大讲堂，让东华名师和精英家长的思想、思维在此平台传播，让更多师生受益。

于是，承载思想碰撞与智慧交融的东华大课之东华大讲堂应运而生。

能力与素养不可能生成于僵化的课堂，品德与情趣也不可能仅靠传统课堂去培育。互联网已经将世界撑得很大，科技也将历史、现在和未来的时空贯穿。教育，在坚守的同时，要思考走出去；课堂，不应是平面的，而应是立体的、开放的、发散的。

在东华学子从东华山跨越黄旗山的路途中，从东莞到韶关贫困山区的体验中，从深圳莲花山邓小平塑像前《少年中国说》的齐声诵读中，从十四岁青春礼的宣誓中，从入学典礼、毕业典礼的响亮歌声中，从体育艺术节大型团体操表演中，从经典诵读的激情中，从“东华好声音”的竞争中，从跨越海峡与中国台湾学子同台科技秀的掌声中……东华大课堂承载着学生的快乐与梦想，也在扬弃与探索中一步步前行。

开放的课堂、体验的课堂、快乐的课堂，此之谓东华大课之东华大讲堂。

课堂改革需要创新，更需要丰富，颠覆式和彻底扬弃是不可取的，也是很危险的。东华大课涵盖东华大讲堂和东华大课堂，其内涵与外延是传统课堂的丰富与延伸，是基于培养学生能力、素养并开阔学生视野的新型生态大课。我们希望从此改变。

这只是开始。

（2016 年 1 月 11 日）

“活水”课堂

这几日，学校进入“听课季”。我连续听了九节课，心有触动。

一节成功的课，不一定完美，但一定能让师生感到轻松、愉悦。在这样的课堂上，有一汪“活水”，静静地在师生之间、生生之间流淌，浸润着每一个人的心。这汪“活水”，是师生的思想之“水”、情感之“水”、思维之“水”，是“意识流”“知识流”“智慧流”。

“活水”的源头是教师和学生的心。课堂上，知识、认知、思想、情感、智慧在师生之间交流，没有阻隔——由老师流向学生，由学生流向学生，由学生流向老师，由智慧高处流向低处，由思维急处流向缓处。这就是理想的课堂、享受的课堂、活水的课堂。

有时听课，会感到很累，也为上课的老师和听课的学生感到累。究其原因，是课堂上的这汪“水”出现了停滞状态。水路不畅，渐生死水；思维不畅，心生倦累。这样的课堂，老师拼命地讲，拼命地问，拼命地赶，学生如同一群不愿前行的牛，无论牛倌儿鞭打还是谩骂，穷尽全力，牛就是不走。能不累吗？学生的心不动，课堂如何生动？

课堂上，老师不能独自享受自我演说的快感。优秀的老师说出的每一句话，一定是心中有学生的。老师不应是不让学生发言的布道者，而应是尊重学生的引领者。某种情景下，老师和学生的身份可以互换。孔子早就说过，师不必贤于弟子，弟子也不必不如师。更何况这个信息飞速发展的“后喻时代”，老师更要学会放下架子，放下师道尊严。

北京大学王一川教授在他的《大学从游》一书中写道，“人鱼”前导，“小鱼”尾随，加之“中鱼”传感，是为从游式教育。一大群“小鱼”跟从“人鱼”和“中鱼”畅游，娱情养性，求真、至善、臻美，览天下人事，养浩然正气。此种课堂岂不快哉？何来“水”流不畅之说？

“活水课堂”虽然无须遵从“罗伯特议事法则”，但在以合作学习为课堂主流形式的时代大背景下，学生之间自由、民主的辩论则是必需的，这也是保持“活水”不腐的根本。奇文共欣赏，疑义相与析。言语论辩，笑意相融，眼神交流，心意相通，每一个体的思想都得以张扬。源源不断的激情碰撞，无限自由的想象延伸，师生虽不是精神的裸跑者，却必定是自我思维的驾驭者，读懂错误和真理，学会深究和反刍，这就是“活水课堂”的魅力。

我常想，老师就做一条“人鱼”吧，率领一群中鱼和小鱼，在活水课堂上快乐地畅游。虽然我知道，当下的教育态势让老师身上的枷锁太重，有太多的无奈，但是，心应是自由的。对教育，我一直拥有一种宗教般的情怀。因为，只有虔诚，才能执着；只有执着，才有彼岸。

其实，我的心从未离开课堂，那应是一个诗意的、灵动的活水芳草地。

（2015 年 11 月 20 日）

教育已进入“无边际时代”

2016年5月10日，教育部在线教育研究中心主办的“LINK2016在线教育论坛”在清华大学举行。我有幸受邀参加，并作为嘉宾参与了主题为“互联网+时代重构教育模式”的圆桌论坛，与教育部领导、国内外知名专家学者、大学及中小学校长共同探讨互联网时代的教育发展趋势。

先分享几位专家的观点。

清华大学时任副校长施一公院士代表清华大学致辞。他认为，慕课（MOOC）为清华大学的教育教学改革提供了新的思路。现在，清华大学正立足于慕课（MOOC）对多门课程开展混合式教学，以此来带动教学质量的整体提升。同时，清华大学正在通过学堂在线把其优质资源辐射到全球。

教育部高等教育司时任副巡视员张爱龙在致辞中表示，慕课（MOOC）为大力促进教育公平提供了有效的方法。

全球知名在线教育开放平台时任总裁阿南特·阿加瓦尔（Anant Agarwal）教授做了《慕课2.0：创新与责任》（MOOC2.0：Innovation and Accountability）的报告，他提出，在慕课（MOOC）的环境下，学习的边际成本越来越低。Edx正在推出“微”学位，“微”学位的优点是：第一，学习的经济成本低；第二，学习的时间短。他认为，未来慕课（MOOC）需要在三个方面进行深入思考：第一，课程质量的创新上；第二，对学校的影响，如学校是否要重新设计课堂格局等；第三，诚信问题。他表示，诚信是慕课

（MOOC）教育的瓶颈，慕课（MOOC）有责任突破它。

教育部在线教育研究中心时任主任袁驷教授指出，未来教育将走向智能化、社群化、国际化、混合化、集成化（也就是从碎片化到体系化的学习模式）。他还介绍了“雨课堂”，其主旨是重新定义混合式课堂。它以微信等手段为媒介，注重对个体学生的学习数据的保存及学习行为分析，教师和学校从而可以通过这些数据调整课堂教学及相关的评价，对个性化的学习更有帮助。

亚马逊网络服务（AWS）时任首席云计算企业顾问张侠博士说，人工智能将会给现代教育带来深刻变化，未来在认知科学上将会有重大突破。

中国教育学会时任会长、北京师范大学前校长钟秉林教授从管理机制的角度对慕课（MOOC）的发展进行了分析。他指出，基于互联网技术的教学模式正在不断完善，包括学习监督和效果评价机制等方面都在不断完善，这成为其顺利开展的重要保证。他提出，课程教育不等于学校教育，互联网教学不可能完全取代学校教育，所以也不存在学校消亡的恐慌。我们应该把关注点放在如何提高在线课程的质量以及线上和线下教学如何有机融合等具体问题上。

作为基础教育界的代表，我与国务院时任参事汤敏、广东省人民政府参事室时任特聘参事李小鲁、北京师范大学智慧学习研究院时任院长黄荣怀、语文出版社时任社长王旭明等人的圆桌对话，则侧重探讨了互联网时代教育模式的重构这一主题。

我从基础教育的角度分析了教育信息化的快速发展特别是互联网+教育的推进给课堂结构以及教与学的理念带来的深刻变革。我认为，互联网教育的思维，其实是一种互联网的大视野思维，是一种开放、兼容、创新的思维，不同于传统的固化封闭的教学理念。在新的时代，教师和学生应该“风物长宜放眼量”，在互联网这个丰饶的园林中撷取圣果。学习时空边际的打破，也给我们的课堂改革提供了无限的可能。同时，我也谈到一种担忧与困惑。“教育”二字可解读为“教书育人”，当前大家热议的“互联网+教育”其实是“互联网+教书”和“互联网+学习”。教育还有更重要的内容，就是对学生品德的培育、人格的塑造和精神的启迪，而这些是“互联网+教育”无法包办的。

关于互联网时代教育模式是否需要“重构”，大家意见不一。有专家认为，当一种新生事物发展到质变的时候，传统的东西必然消失，这是不以人的意志为转移的。也有人认为，教育有它的特殊性，互联网时代的教师只能转变角色实现提升，不可能被替代。但是，我想，在量变还未达到质变的时候，“扬弃”后的“传承”是不可缺少的。

“互联网+教育”如同一股浪潮，势不可挡，不管教师愿意还是不愿意，它来了，而且正在迅猛发展，教育者必须接受它，适应它。教育的智者将成为弄潮儿，教育的弱者将被抛弃，这是时代发展的必然规律。

互联网正在改变着全球教育，正在构建教授者与学习者、学习者与学习者之间相互连接的学习网络，人们都将进入一个无边际的学习时空之中。个性化、智能化的学习正在向我们走来，互联网引领着教育，正带领着我们进入一个未曾达到的地方。

教育的新纪元就要来了！

（2016年5月12日）

教师，你追得上“互联网+”吗

第十五届中国教育信息化创新与发展论坛由教育部教育管理信息中心、国家数字化学习工程技术研究中心、浙江省教育厅、中国教育发展战略学会等部门联合主办。六十多位专家学者齐聚西子湖畔，共议互联网时代的教育发展。思想之碰撞，火花之飞溅，洗涤着与会三千多人的思想和理念。

我们生活在一个飞速发展的时代，互联网的出现如同一张搅动世界的魔力之网，整合甚至颠覆着很多传统行业。跨界融合、转型升级、快速替代，已是必然。金融、物流、医疗、购物，甚至打车，互联网在哪个领域不是正在冲击着人们的惯性思维？

教育，同样不能置身于这个大数据时代之外。这次高端论坛于杭州白马湖国际会展中心举行，与论坛相呼应的是，近 200 家先期进军互联网的企业，早几日就在这个风景秀丽的生态创意城安营扎寨，向全国各地教育界人士展示自己领先的“互联网+教育”技术。多少年轻的信息技术（IT）业精英在这个新兴的行业开始攻城略地，期望能像阿里巴巴的马云那样尽早“占山为王”。

一个问题强烈地盈然于心：教师，你追得上“互联网+”吗？

也许你会说，任时代如何变幻，教师还是教师。但是，这世界变化太快，明日之教师，绝非今日之教师。华三通讯公司首席执行官曹向英说，“互联网+”已成国家战略，在此形势下，整个社会都在改变，教育能置身于外吗？习近平总书记在 2015 年 5 月 23 日青岛国际教育信息化大会的贺信中提出：“构建网络化、数字化、个性化、终身化的教育体系，建设‘人人皆学、处处能学、时时可学’的学习型社会，培养大批创新人才，是人类共同面临的生大课题。”“四化三学”的互联网时代的教育新格局即将到来。智慧课堂、未来教室、数字校园、教育云、创课等理念正在步步逼近传统教师自以为坚不可摧的“教育围城”。围城坍塌之日，教师何去何从？

接纳，只有早去接纳这些变化，并骑上快马方可追得上“互联网+”。

北京航空航天大学李未院士说，教师的传道授业、学生的问学求道、师生的研讨交流都将与大数据的精准分析进行深度融合。“互联网+”正在瓦解着传统课堂。教育部提出的旨在让偏远落后地区的学生掌握互联网技术的“蒲公英教育计划”也已正式启动。当然，不能将课堂变成互联网“秀”的场所，要用互联网教育的思维重塑传统课堂，实现教育模式的创新。“互联网+教育”的本质应是“互联网思维模式+教育”。因此，互联网时代训练学生的思维非常重要。我们认为，“互联网+教育”不可能取代学校，但是，一定会大大冲击师生的传统思维。互联网时代，需要我们重新思考学校的功能，重新思考教师的角色。知识爆炸性的激增，倒逼教育也必须依托互联网平台，追上这个时代的发展。给求知者以猎枪而不是干粮，给学生以多元化、选择性的教育而不是固化的单一教育，这是时代的必然。现在的孩子是数字时代的“原住民”，而我们的老师特别是中年老师只能算得上“数字移民”。“数字移民”要虚心地向数字“原住民”学习。不然，如杜威所说，如果我们还像当年我们被教授的那样去教学的话，我们就掠夺了孩子的未来。我想，如果我们教师今天休眠，三十年后醒来，很难想象那时的教育会是怎样的情景。虽然现在的工业已经迈入4.0时代，教育在“互联网+”到来之际的今天，依然是2.0时代，但是，面临汹涌的“互联网+”的“钱塘江大潮”，我们有理由相信我们的教育正处在一个跨越的节点。

很欣赏“全通教育”时任首席产品官崔勇先生在论坛上的一句话：“‘互联网+教育’，带我们去一个未曾到达的地方！”

老师们，一起去追“互联网+”吧！

（2015 年 11 月 25 日）

必须进行的接轨

每年新生入学时，总有许多家长给学校提出各种问题：

我的孩子钢琴已是九级，学校能否给孩子提供继续提高的条件？

我的孩子特喜欢武术，你们学校有武术老师吗？

我的女儿从小喜欢舞蹈，童子功，升入中学后她的特长能否得到继续培养？

我的儿子对天文很感兴趣，常常晚上“夜观天象”，学校能否在这方面培养一下特长？

我的孩子天生喜欢昆虫，我想让他在这方面发展，可以吗？

我的儿子在家经常拆装电器，最近又迷上了机器人，你们能培养吗？

我的孩子是个航天迷，想参加“航模小组”，学校有吗？

……

随着时代的发展，家长对孩子成长的认知已经远远不同于以往。十年前的家长，只要孩子考试成绩好，对学校几乎没有其他的要求。而现在，随着家长知识层次的提高与教育视野的开阔，他们对孩子的素质和个性发展的要求也在与时俱进。

学校还能把学科成绩作为唯一追求吗？显然不能！现阶段，在国家规定的基本课程之外，一个学校校本课程的开发能力和推行力度，直接决定了这个学校的育人特色和发展方向。

因此，学校教育必须在完成“国本课程”的同时，进行“三个接轨”，才能满足学生成长的需要、家长的需求以及时代发展对人才的需要，这“三个接轨”是，教育与学生的兴趣特长接轨、与学生的个性发展接轨、与学生的潜能潜质接轨。

邓小平关于教育的“三个面向”，从大视角指明了教育的方向，而作为一线教育工作者，在面临个体的孩子时，我们必须思考这样的问题：学校教育应当与什么接轨，才能真正把学生培育成具有创新能力的综合型人才？而综合型人才的培养，又是基于学生本身的兴趣爱好和个性特长的。“三个接轨”应当是学生成长的必由之路。

几年来，东华初中的教育一直致力于把学生的兴趣特长和个性发展无缝对接，致力于对学生潜能潜质的唤醒与开发。学校有“三驾马车”并驾齐驱：“3+X 生态课堂工程”“体验式高品位德育工程”“开放式校本课程工程”。其中，“开放式校本课程工程”就是实现“三个接轨”的重要平台。我们已经开设的“六大领域 33 个子项目”几乎涵盖了现阶段学生兴趣特长、个性发展所需的各方面内容。同时，学校本着“学生有需要，教师即开发”的原则，不断拓展着校本课程和社团活动的新领域。

我们坚持用足够的时间、足够的师资去开展校本课程及社团活动，希望能够以东华的特色完成教育与学生个性特长的对接。在 33 个子项目的基础上，每周两次大型的“东华博学论坛”总能吸引上千学子前来抢座。天文地理、时事点评、文学欣赏、时空纵横、观点碰撞、合纵连横——每一个主题，都力求给孩子打开一扇可以窥探世界的小窗。

学生的兴趣、个性、潜能是需要发现、唤醒的，而学生的潜质有时连自己都无法相信。科学证明，人待开发的潜能如同一个丰富的宝藏库，正等待着教育用“芝麻开门”的密语去打开。而旨在培育学生综合素质和个性特长的校本课程的开发，就是在帮助学生寻求“芝麻开门”的密语。如果学校忽略了与学生兴趣特长、个性发展的“接轨”，就是对未来人才的埋没。

我们有幸通过东莞科技馆邀请到了澳大利亚国立大学的格兰沃克博士来我校进行科学秀展演。“未来能源”这一充满吸引力的主题活动激发了3300多名初一孩子极大的兴趣。互动环节让孩子与国际科学秀表演专家零距离接触，让学生切身感受到了科学的魅力。这样的大型科技普及活动，也许会触动那些对科学发明有潜质的学生，让他们敏锐地发现自己的内心需求和个性渴望，从而以此为契机走上科学的道路。若干年后，谁敢保证今天聆听讲座的孩子中不会再出现一个屠呦呦呢？

这个暑假，我校学生参加了“2015两岸青少年科学戏剧演示交流营”活动，一行19人在中国台湾进行了为期10天的科普交流活动。东华学子走进高雄、台北、台中三地，与当地学生一起合作表演了一系列精彩的科学秀节目：“水果弹钢琴”“空气炮弹”“风从哪里来”“指尖电路”“科学求生探究”“人体消化探险”，等等。这是东华新型课堂的延伸。

我们希望教育能够给孩子提供更加广阔的舞台，从这里，走得更远！

（2015年10月8日）

附：东华初级中学校本课程及社团活动设置

发展领域	内容涵盖	项目序号	校本课程
人文素养	文学作品阅读与欣赏、名著名篇导读、外国文学名家介绍、英语短剧、英语朗诵和演讲、交际英语、欧美文化差异分析、中外历史人物评说、探索历史的奥秘、民俗风情、生活中的经济学、时事政治、乡土地理、品味生活、感怀哲学等	1	名著鉴赏
		2	笔下生辉
		3	英语话剧
		4	疯狂英语
		5	礼尚往来
		6	大国崛起
		7	历史典故
		8	海阔天空
生活技能	摄影摄像、种植养殖、标本制作、生活小窍门、科技小制作、拼盘制作、陶艺制作、插花艺术、雕刻艺术、剪纸艺术、盆景的栽培与造型、手工编织等	9	摄影摄像
		10	陶艺制作
		11	我型我秀
身心素质	田径运动、球类运动、棋类活动、形体健美、跆拳道、中华武术、心理教育、健康教育等	12	“棋”乐无穷
		13	篮球公园
		14	心随羽动
		15	乒乓舞台
		16	精神家园
		17	武术天地
艺术修养	民族乐器、合唱艺术、舞蹈艺术、音乐基础知识、书法绘画、实用美术、中西方美术欣赏等	18	劲街舞社
		19	流行歌曲
		20	花鸟美画
		21	同声合唱
		22	交响乐团
		23	鼓乐筝韵
		24	舞林神韵

发展领域	内容涵盖	项目序号	校本课程
信息技术	网页赏析与设计、Flash 电脑动画制作、网络基础知识、软件制作等	25	智能机器
		26	动漫制作
		27	航模队
学科拓展	应用数学与数学史、趣味数学、数学文化、数学思维训练、数学竞赛、生物知识竞赛、地理知识竞赛、英语能力竞赛、作文竞赛、电脑平面设计制作等	28	数学思维
		29	汉字听写
		30	口语比拼
		31	生物世界
		32	地理世界
		33	程序设计

课堂语言的温度、力度和美度

一堂成功的课，离不开教师优美的语言。

先天音质好，男声磁性浑厚，女声珠圆玉润，固然悦耳，但老师的课堂语言并非以音质取胜，而是以语言的温度、力度和美度打动学生的。

所谓课堂语言的“温度”，是指语言蕴含的情感度，是教师的语言给学生带来的温暖的指数。有的教师习惯用比较生硬的语言上课，学生听起来总有一种不舒服的感觉，师生之间的距离因语言缺乏亲近感而悄然产生。久而久之，学生得不到老师的肯定和鼓励，学习的热情和兴趣会慢慢冷却和弱化。还有的老师语言不但缺乏“温度”，而且增加了含讥带讽的“冰度”，以致伤及学生的自尊。

湖北省曾公布了教师的“十大禁语”，诸如：“没见过像你这样的学生!”“我真的受不了你了!”“你怎么越来越差了?”，等等。其实，此类冷冰冰的语言何其多也！有一次外出听课，上课老师因为一个学生的回答错得离谱，脱口而出：“脑子进水了是不是？见过蠢的，没见过像你这么蠢的!”全班同学把眼光都投向了挨批的学生，我看到那个孩子把头深深地低了下去。此类语言，给成长中的孩子可能带来意想不到的潜在伤害，其中暗含的语言暴力不仅暴露了某些教师错误的教育观，也折射出某些老师的个人修养令人侧目。

我们希望教师课堂语言使用有温度的“美语”，如：“错了别怕，咱们再来一次！相信你，你一定可以。”我们学校很多老师在学生中都有昵称：欧妈妈、张爸、峰哥等，师生情中已融入了亲情。

教师课堂语言的“力度”，是指教师在讲课时给学生带来的感染力、渗透力和冲击力的程度和效度。

声高未必有“力度”。有的老师喜欢高音教学，隔几层楼都能听到他的声音，可想而知做他的学生需要练就怎样的“耳功”(听觉耐力)。高音教学如果演变成声嘶力竭，学生就更加辛苦。有的老师在仅有几十平方米的教室上课，常常使用“小蜜蜂”扩音器，上课成了广播。师生交流的声音不在一个频率上，学生的声音被弱化，久而久之，就会阻隔师生之间的沟通。真正有力度的课堂语言一定是抑扬顿挫、清晰流畅的。教师在课堂推进过程中，关键时刻充满了丰富的有思维含量的点拨语，让学生茅塞顿开、“一语惊醒梦中人”般的警醒语，入情入理、如饮甘露、让学生情之所至的动情语——这些，都是有“力度”的课堂语言。

很多人听过北京师范大学肖川老师上的课，客观来讲，肖川的声音并不好听，沙哑，低沉。但是，他的语言所特有的哲思以及给人带来的启迪，让听者总能感受到一种无形的力量。新东方俞敏洪的声音也不怎么好听，但是，很多人听他的“大课”，就被他的深厚底蕴、睿智、幽默风趣而折服。这就是有力度的语言给人的内心带来的影响力。

“居高声自远，非是借秋风。”学识、智慧、风趣、境界决定了教师语言的力度。

虽然很多人对于丹老师《论语》讲解的观点有非议，但是，就语言的美度来说，很少有人比得上她。有人说，于丹是美丽词语的生产者。于丹的语言鲜活生动，她努力用自己特有的表达方式去靠近每一个人的心灵，去温暖每一个听者的心。于丹的语言不同于一般演讲者对短句的喜好，而是擅长使用包含多个定语和状语的排比长句来描述，渲染，听起来如黄河之水奔涌而来。同时，于丹富有浓郁书卷气息的表达，不枝不蔓，干净利落，清新悦耳，让人如沐春风，让很多粉丝沉浸其中，受益匪浅。

一堂课给学生带来听课的享受和美的熏陶，让自己的课堂语言富有“美度”，应当是每一位教师追求的境界。

在我的老师中，我印象最深的是教我外国文学的丁淑英老师。她的课堂语言从不让人有压迫感和紧张感，总是娓娓道来，如清澈的小溪，极精致，极清新，极温润。她的课很少有人走神，似乎光听声音就是一种享受。

听有些老师的公开课，讲课可能为了“展示”自己的口才，语速特别快，一堂课下来，讲课人很激动，听课人很辛苦，因为耳边一直是老师“密度”很大的声音在充塞。其实，不管是课堂教学还是日常交流，人的语言在沟通的有限时空内密度不宜太大，要给人的思想留有空余之地，让人回味。现代课堂摈弃“满堂灌”，更需要老师把控好语言的节奏，惜“语”如金。适宜的语言“密度”才能带来“美度”，着急赶路的人会很容易失去“风度”。

课堂语言的背后，其实折射的是一名教师的综合教学基本功。提高课堂语言的温度、力度和美度，需要教师的不懈锤炼和终身学习。

（2015 年 12 月 3 日）

教育之语

我们离教育理想有多远

现实与理想似乎永远是此岸与彼岸的关系。

有人说“教育如渡”，教育就是由“此岸”到“彼岸”渡人。

那么，“彼岸”离“此岸”有多远？我们心中理想的教育是一幅怎样的图景？

我们希望教育可以让孩子具备健全的人格和自由的灵魂。

我们希望教育可以让孩子快乐地成长和有选择地行走。

我们希望教育可以让孩子拥有贵族式的修养和勇士般的坚强。

我们希望教育可以让孩子唤醒沉睡的天赋，担当起自己人生的使命。

我们希望教育可以让孩子睁开双眼更多地去发现这个世界的未知。

我们希望教育可以让孩子真正拥有属于自己的未来，让未来不可惧。

……

对教育，我们有很多的希望和梦想，再多的描述也无法完全勾勒出人们心中对于教育的愿景。一个生命来到世间，童年、少年、青年、壮年、老年，教育都应以一种前行与前引的姿态呈现与相伴。生命需要润泽，而教育，应当成为琼浆。

而教育的“此岸”又有哪些景象让人遗憾？

1. 知识充斥，素养空谈

知识本位填满了学校生活的缝隙，然而知识以几何级态势增长，争分夺秒，又如何让孩子带着所有的知识走向未来？过度的知识教育导致学生想象力和创造力的发展严重受阻。

教育，不是给学生一个知识的仓库（这个仓库无法囊括世间所有知识），而应是给学生一个渡过人生之海的“桨”。

教育应从“知识核心时代”走向“素养核心时代”。

2. 漠视心育，灵魂荒凉

为了分数与名次，“此岸教育”可以全然不顾其他。

最重要的教育，是对孩子灵魂的教育。失去了对学生的“心育”，也就失去了“教育本位”。

灵魂如同一片原野，你不去播种公平、正义、诚信、坚强、乐观、善良、包容、相助等美德，只顾让孩子去追逐单一的分数，灵魂的原野岂不荒凉？关乎美德的只字片语，都是无价的，都会让心灵变得丰饶。

3. 克隆教育，忽视个体

人生而平等，这是指权利与义务，但人与人之间的差异是普遍存在的，教育有共性，但更多的应是尊重个性。

“给每一个孩子提供最适合的教育”在现实中似乎成了教育的“乌托邦之梦”。

怀特海说，漠视人的差异，对一个民族而言就是毁灭性打击。如果教育者建立起“人人都是天才”的信念，那么，每一个孩子与生俱来的“天赋”都会被唤醒，可惜，太多的教育偏见让孩子个性压抑，心灵受挫。

我们知道，理想虽美，现实残酷，更多的无奈困扰着当下的“教育者”。

有人说，教育理想主义已经失落，在这个物质主义的世界中，很多精神层面的东西已物质化，现实中的“教育者”早已被物质欲望挤满。

我说，每个人每天不得不走在现实主义的路上，但是，每个人心中都有一个理想主义的影子，永不消失。

对教育，我是理想主义者；对人性，我是乐观主义者。

“此岸”与“彼岸”的距离，用心去走，也不会太遥远。

（2016 年 11 月 9 日）

教育真的很复杂吗

近来，一位“著名”的“教育专家”在微博中批驳了“皮格马利翁效应”的“荒唐”，认为这是一个“弥天大谎”，并由此得出结论，教育是复杂的，不应简单化。

教育真的很复杂吗?

我不否认教育作为一个系统工程的长期性和艰巨性，它需要教育工作者的接力和合力。但是，就其本质而言，教育是有一定规律的。从这个层面来讲，教育并不像某些“专家”想象的那么复杂。

叶圣陶先生曾有一句教师耳熟能详的名言：“教，是为了不需要教。”因为，教师把方法教给了学生，就大可不必在课堂上把所有的时间“据为己有”，“自我卖弄”。“授人以鱼，不如授之以渔”，也是这个道理。

当然，一名老师要想达到“不需要教”的层次，拥有传授给学生的“渔”，还是需要潜下心来下一番功夫、做几年研究的。虽然“教无定法”，但是，教学是“有法”的。有法，就不复杂。

教学有法，只是一个方面，那么，“育人”呢?是否有规可循?

“育人”应当也有规律，不然，当下的中国怎么会涌现出那么多的“教育专家”“教育贵族”。他们四处“讲学”，八方“报告”，前呼后拥，名利双收。更有一些中间“食利”机构，寄生在这些“专家”的名望之上，它们用诸如“穿西装的孔子”“中国的苏霍姆林斯基”等令人惊讶的称号高抬这些“专家”。我不否认这些“专家”在教育的某些方面确实有自己独到的感悟，但是，在社会发展、思想变革如此之快的今天，几年不变的“报告”内容以及这些“专家”默许某些机构对自己“造神”式的吹捧，让自己和一些“教育机构”通过“利益”捆绑在一起，这样做，教育就变味了，也就失去了真正的教育“传道”的意义。我认为，一个真正的教育专家，应该潜心下来做研究，扑下身子在教学一线寻求规律，形成自己的教育思想，并影响更多的教育者，从而引领更多老师的教育行为，产生教育的磁场效应和辐射效应，而不是将“四处游学”作为主业。

似乎有些离题，本来是想表达“专家”的“百家争鸣”都是为了寻求教育的规律，但是客观上，也给人造成了教育复杂的印象。越来越多的家长开始重视孩子的教育，因此，也就有越来越多的“专家”被“造就”出来，也就有越来越多的教育观点“横空出世”。君不见，各种各样的教育培训机构如雨后春笋，在各地蔓延，各种各样的“专家”讲座让家长听得“耳乱心烦”，无所适从。

其实，教育应该回归本真，教师应当不忘初心。

爱，是教育的必需；会爱，是教育的必然；守护心灵，风雨同行，是教育的责任。

每朵花都有开放的理由。教育，应该让这些花在它们最美的时间和空间去绽放。老师要做的事情，就如同花工：培土，施肥，浇灌，除虫，修剪，扶正，呵护，然后，静待花开。

老师要研究的是，花儿绽放过程中的每一个时间点。复杂，也不复杂。

复杂，是因为每一个学生都是独特的，教育应因人而异，摒弃“一刀切”式的单一标准；不复杂，是因为每朵花可能花期不同、花色不同、花香有异，但是，美丽相同，且都需爱的呵护、爱的信任。

“皮格马利翁效应”并不荒唐，也不是什么“弥天大谎”。谁能否认爱与信任的力量？

罗森塔尔和他的助手进行的“未来发展趋势测验”，其实就是给孩子注入信心和力量，而这种信心和力量所产生的效应岂止成绩的进步？恐怕对孩子一生的发展也将会有无可估量的价值。建议“专家”对“皮格马利翁效应”不要断章取义，正确理解它的内涵才是根本。

约翰·古得莱是美国洛杉矶加利福尼亚大学教育学院前院长。他在《一个叫作学校的地方》一书中描绘了一幅令人难以容忍的画面：“很少看到一起欢笑、激情飞扬的场面，学生很少得到表扬和肯定，学生参与发表意见或公开就某些问题辩论的时间少之又少。”在约翰·古得莱对1000个班级的调研中，他发现“学生们很少被允许绘画、表演、角色扮演或制作东西。他们只是被动地听课，不知道自己有什么需要”。换句话说，学校没有给学生们训练他们那用于激发兴趣和心智的大脑，学生的自信被压抑着。那么，如果罗森塔尔和他的助手去到约翰·古得莱调研过的学校进行“成功的暗示和激励”，难道不能看到孩子另一番令人欣喜的画面吗？有些孩子可能因此真的被点燃内心的好奇之火，从而走向成功的花海。

不把教育看得太复杂，并不是要将教育简单化，或者在工作中无限地去做减法。这里对教育不复杂的思考，是希望所有的教育工作者注重追本溯源，去思考教育的本质，探究真教育，不要被太多的教育假象所迷惑。

只要用心做教育，教育并不复杂。

（2015年10月18日）

教育，不可缺少“同理心”

今年的元宵节，恰好是开学第一天。

创新年级部的开学典礼安排了一个抽红包的活动。五位同学各抽到了一个特殊的红包，红包内容是“大师邀请你一起去看《美人鱼》”。“大师”是学生对级长李鸿志的昵称，《美人鱼》是最近很火的由周星驰执导的贺岁片。昨天晚上，“大师”兑现承诺，带着五个孩子去看了电影。回来后，五个孩子非常兴奋，向同学炫耀说，这是他们长那么大最难忘的一部电影。

记得前两年，和学生一起去看过一场足球赛，那场球赛中国队踢得一如既往地臭。观看过程中，我并没有和学生进行过多的交流，可是后来，学生在给我的邮件中说：“老师，和你一起看的那场球赛，我们终生难忘。”

曾经教过一个学生，性格很内向，属于忧郁型的孩子。一天黄昏，他在运动场一个人散步，恰好遇到我。他说：“老师，我很心烦！”我揽着他的肩说：“我们一起走走吧。”在运动场上，我们俩走了好多圈，什么话都没说。我知道，他不愿意说话一定有他的理由。天黑了，最后他说：“老师，我心情好多了，谢谢您！我要去上晚自习了。”第二天，那位学生见到我，深深地鞠了一躬，再次说：“老师，谢谢您！”

去年听一位物理老师的课，她刚刚接手这个班，还叫不上学生的名字。讲完新课，老师布置作业时，一个男生忽然把自己的作业本撕了，而且撕得粉碎，全班哗然。这个男生的同桌悄悄告诉老师，原来的物理老师经常当着全班同学的面批评这个同学，刚才拿出作业本时，他看到上面原来的一些有伤自尊的批语，没有控制住情绪。此时，这位新任的物理老师只是轻轻地说了一句："没关系的，现在你感觉好些了吗？"那个男生的情绪渐渐平静了，又拿出了一个新的作业本。

李"大师"和学生一起去看电影，相信他在电影院不会像在课堂上那样滔滔不绝。他只是和学生坐在一起，和学生一样带着放松的心态，一起观看。可是学生却感受到来自级长的平等的关爱与呵护。

两年前的那场球赛，对于不太喜欢足球的我来说，早已淡忘。但是，正因为我和我的学生们一起欢呼，一起指责，一起哀叹，学生的心和我的心在那一晚产生过强烈的共鸣。同一个时空点，十几颗心，一个频率跳动过，所以学生难忘。

我了解那位在运动场上独自散步的学生的性格。孩子世界里情绪的波动有时是正常的，老师过多的说教不一定能让孩子接受。不如把自己的心情和学生的心情尽可能无限地接近，同步共情、共振，多一分理解和陪伴，可能会收到不一样的效果。

而那位新任的物理老师，只是一句理解的话语就消解了学生的情绪。因为，学生正处于情绪激动期，自己又不太了解具体的情况，盲目地做出评判，可能会抹掉这个学生刚刚建立起来的对新任物理老师的好感，从而让该生对物理学科产生新的厌恶之情。而后续的工作，我相信这位新任的物理老师会因势利导，走进孩子的心。

心理学上有个术语叫"同理心"，指的是进入并了解他人的内心世界，并将这种了解传达给他人的一种技术与能力，也有人把它叫作换位思考、神入、共情。同理心，重要的是要站在对方的角度来对待问题，将心比心，这样就知道对方为什么会那么想，从而更能理解对方，让对方接纳自己。同理心，是情商

（EQ）的一个重要组成部分。

在教育过程中，当教师能够理解学生的内心，敏锐地捕捉到学生心理的律动时，学生和老师的心就会很快拉近。同理心评价与一般意义上的教育评价大相径庭，因为教师评判式的评价遵循的模式是“我知道你错在哪里”，而教师一旦拥有了同理心，学生的反应模式是“终于有人理解我的感受了，他不会对我妄加分析与评价，我相信他”。美国著名心理学家卡尔·罗杰斯认为，这种设身处地、站在别人的角度看问题，以学生的视角看世界的态度，会产生神奇的教育传递效应。

当然，同理心不是一味迁就、丧失自我，也不是过度同情。人，生而不同，对一件事情的观点因角度和心态不同，认识也会相异。正因如此，教师才更需要建立同理心，去理解和包容成长期的学生，以免对学生的问题产生误判。当学生得到理解，从学生自己而非老师的视角得到理解时，他们会从内心感激老师。如果老师能经常试着对学生的言行做出同理心的评价和反馈，学生的潜力一定会被极大地挖掘出来。

与学生相处，同理心的关键是，不要将自己的主观意志加给学生，不要轻易地评判、贴标签或下结论。

第一个情景：自习课很乱，班主任走进来，说：“你们是我见过的纪律最差的班级！今天放学后统统给我留在学校！”

第二个场景：自习课很乱，班主任走进来，说：“我很伤心，我喜欢有秩序的集体，嘈杂让我感到管理的失败！”

第一个场景中，老师表达的内容中“你们”是主语，是对“你们”（学生）的指责和惩罚。老师与学生站在了对立面。

第二个场景中，老师表达的内容中“我”是主语，是老师对自我心理感受的真实表述，会让学生的心理产生愧疚效应，从而与老师的心同步共振。

与学生在一个层面上共享自己的感受，或者无限接近学生的内心，以关注的眼光和默契的陪伴让学生感受到师生心的相融，这就是“同理心”产生之源。

教育，不可缺少“同理心”。

（2016 年 2 月 27 日）

教育，有没有如果

马来西亚歌手张栋梁有一首名为《人生没有如果》的歌，温暖的声音中，隐藏无限苍凉与无奈。生活不可能让人同时在两条路上行走，人生是张单程票，当然不会有如果。

那么，教育有没有如果？

教育具有阶段性。一旦错过某个关键的阶段，师生都很难回头。教育给未成年人的影响更易铭刻于心，植入灵魂，一旦出错，有时真的无法挽回。教育之路和人生之路是交织在一起的，人生没有如果，教育怎么会有如果？

很多时候，教育的不当带来的遗憾甚至伤痛的确不可逆转，教育承受之重有多重，只有教育者自知。现在，社会对教师的要求绝不仅仅是教书，更多的是以“导师”的标准来评判，教师已被推上“灵魂工程师”的高地无法走下。

我们都希望教育始终行进在一条真理的路上，永不出错。但是，教育所面临的复杂性又让我们不得不清醒地认识到，教育，是容易出错的。虽然，从社会到家庭包括教育者本身，都将教育看作神圣的事业，不希望有丝毫的偏差。但是愿望终归是愿望，任何一个智者都不会保证完全避免错误。智者之所以成为智者，是因为错误出现后能及时消解错误的影响，不再犯同一种错误，同时，智者会及时铺设另一条可行的全新之路。

教育应是执着的。很多教师在教育失败之时并不气馁，而是另辟蹊径，从头再来。教育希望有很多的如果，希望有很多的机会。而多一个机会也就多一分希望给学生，“多一把衡量的尺子，就多出一批好学生”。

在学校教育中，一个优秀的教师对不同个性的孩子都有不同的“预设”，即“教前如果”。这些“如果”多一些，对教育思想和行为的偏差也就多了一点矫正。当然，预设再多，也不及孩子成长中的变数之多。当所有的“教前如果”不起作用，教育出现不理想的结果时，“教后如果”要迅速进入另一条路的铺设。换一种教育方式试试如何？

案例：一个学生沉迷于网络游戏不能自拔，不但影响了学习，还影响了身体和心理。学校和家庭的教育如何介入？

如果1：老师和家长双管齐下，在校，老师教育；在家，家长监管。

结果1：收效甚微。学生对学校教育置若罔闻，偷带手机入校，我行我素，心思完全不在学习上。学生晚上在家彻夜打游戏，家长更是无计可施。

如果2：家长在家断网络，没收手机；学校通过校纪处分施压。

结果2：学生神思恍惚，心理出现问题，不但无心学习，而且开始逃学去网吧，夜不归宿。

如果3：学校让学生休学，家长通过外力强制性给学生戒网瘾。

结果3：学生网瘾减弱，但与家庭和学校的对立情绪加重，学习仍然没有兴趣。学生不再上学，渐成无所事事的游民。

如果4：学校与家庭营造氛围，创设情境，通过高雅的艺术或讲座吸引学生，使其兴趣转移。家校不急躁，不专制，多关心，勤疏导。

结果4：学生对游戏渐渐疏离，学习兴趣开始回归。

如果5：兴趣转移后，学校开设游戏研究社，鼓励学生加入，让学生直面曾经的沉迷。

结果5：学生通过游戏研究社，认识了游戏对身心的危害。同时，游戏的进阶和激励机制让学生对程序设置有了科学的认识。

……

众多的“如果”中，其实有很多的节点，每个节点都朝向不同的方向。教育要善于把控节点，用足够的耐心去调整方式，重选路径。走错的路，有时还可以再走回来。从这个意义上说，教育并非完全没有“如果”。只不过，“如果”需要教育者用心去预设和力行。

但是，教育可能会改变学生人生的方向，有时真的无法从头再来。这一点，每一个教师必须谨记，要以真爱和大智引导每一个学生走正确的人生之路，以免追悔莫及。从这个角度看，教育有时可能真的没有“如果”。

要时刻牢记，每个学生天生都是世间的奇迹，坚信每个人都是可造就的。教育会成为学生永久的生命记忆。教育的使命告诉我们，每一位教育者都要具备谨慎的态度，多一些预设，少一些忏悔；多一些耐心，少一些浮躁；多一些前瞻思维，少一些急功近利。谨慎是对教育复杂性的尊重，是对学生的悉心呵护，是对学生发展的责任与担当。

不要让教育的“如果”成为师生的遗憾。

（2015 年 12 月 24 日）

打开那盏灯

——从佛法看教法

杰很胆小，特别是对蛇有强烈的恐惧。这天，他走进一个幽暗的房间，发现一条蛇蜷曲在墙角，顿时吓得瘫软在地上。

其实，杰看到的不是蛇，而是一条绳索——他被一条并不存在的蛇吓得要死。

这时，杰的朋友姬走进了房间。姬沉稳，正常，而且知道杰把绳索误认为一条蛇。姬打开房间的灯……

姬是“佛”的使者，“佛”告诉姬：

> 如果杰只是吓呆了，心神尚聚，姬可以打开灯，直接告诉杰，房间里并没有蛇，墙角处只是一条绳索。如此，杰的恐惧便可消失。
>
> 如果杰已吓得魂飞魄散，及时打开灯也分不清蛇和绳索，姬可以巧用机智，告诉神志不清的杰：“是的，我看见蛇了。”然后小心将绳索拿出房间，让杰暂时感到安全。当杰稍稍放松后，再慢慢告诉他事实：从一开始就没有蛇。
>
> 千万不能在杰还未从恐惧中走出时拿着绳索在杰的面前摇晃，那样，很可能会把杰吓死。

在“佛”的指引下，姬因势利导，消除了杰的恐惧，让杰得到了解脱。

人世间有很多的痛苦、磨难、恐惧、焦虑、妄想、阴影……

它们大多是因虚无的幻象而从心中滋生。如何消除它们，让人心回归本真？

打开那盏“灯”，照亮黑暗的房间，是重要的第一步。

由佛法想到教法。

从某种意义上说，教师也应是“佛”，应是给学生开悟、解脱、引领的“佛”。那盏“灯”要及时给学生打开，让学生获取开悟时的第一缕光。佛法万千条，条条度人心，如同疾病种种，良药各异。教师也应教学多法，教无定法，因材施教。

成长过程中的孩子会遇到很多的坎坷，因坎坷而生痛苦。殊不知，很多痛苦是虚幻的，如同房间内的那条并不存在的“蛇”。一位妈妈告诉我，孩子每次数学都考不好，一度对这个学科心生恐惧，她很担心孩子从此失去信心。后来，妈妈做得正确的事情是，告诉孩子：“数学不难，你很优秀，能超越自己，你就是最棒的！”在妈妈的鼓励和陪伴下，孩子的数学成绩赶了上来，自信回归，消除了对数学的恐惧。妈妈点亮了孩子的那盏“灯”。

“屡教不改”是老师对那些经常犯错误的学生惯用的词语，其实，“屡教不改”的学生之所以“执迷不悟”，是我们的教法出了问题。学生成长中的“恶习”不是一日形成的，冰冻三尺尚需春阳渐融，顽劣成性岂能一日顿消。我们的教育有时太急躁。

佛曾提醒一位屠夫，杀生会导致恶业，但屠夫说：“我只会这一行，这是我的生计啊。”佛告诉这位屠夫，至少要在每天日落后、日出前不要杀生。他并不是给这位屠夫白天杀生的通行证，而是引导他渐渐减少恶行。“循序渐进”也是佛法中的一条善巧，佛用善巧渐渐度了这位屠夫。就连那位曾经滥杀成性的阿育王也从佛法中找到了真理，成了一个爱好和平的人，佛法的魅力可见一斑。

教育者太容易停留在当下，尤其是思想和认知。一切都在变化，一切都在向前走，今日之河流绝非往日之河流。因此，教法要研究“变法”。在学校，每天都会看到一张张青春灿烂的笑脸，我知道，那是由花苞盛开而成的花朵；我也知道，他们还会历经风雨，不管是虚幻的还是真实的。但是，他们一定会因嬗变而臻美。

其实，打开房间的那盏“灯”，就是为了让孩子看到真实的情景，消除不应存在的恐惧，找到自己那颗勇敢的心。

打开“灯”之后的佛法昭示我们，证悟之路不是唯一的。

教法同样需要丰富，这是教育的必需。

（2016 年 3 月 5 日）

从“透视原理”看教师的课堂站点和视点

透视，是绘画法中的一个术语，源于拉丁文“perspclre”（看透），是指在平面或曲面上描绘物体的空间关系的方法或技术。透视原理可以用八个字来概括，即“近大远小，近实远虚”。

几十平方米的教室内，教师和学生自然构成一幅“透视图”，而这幅“透视图”因教师和学生所处位置的变动以及视角的不同而不断变换。每一次的变动，都可能会给师生带来心理上的微妙变化。

距离和心理有关联，视线对情绪也有影响。那么，课堂上老师的最佳站位应在哪里？

我见过很多不同的老师，有的整节课始终站在讲台上的一个位置，有的则在讲台上不停地踱来踱去，有的喜欢站在台下学生中间，有的则喜欢在学生课桌间的通道中走来走去，有的习惯站在教室的左侧，有的经常立在教室的右侧。老师的位置是课堂的信息辐射点，这个点与学生构成怎样的角度，对不同的学生而言，可能在接纳知识信息方面是有些差异的。

透视学讲近大远小，近实远虚。课堂上，如果老师处在距离某些学生总是很远的位置，这些学生心中会对老师产生“远小远虚”的感觉，久而久之，学生心态和肢体的自由度会大一些，因而容易思想走神，动作不拘，心生淡然。如果老师处在距离某些学生总是很近的位置，这些学生神思专注的同时，也可能会产生一种“近大近实”的压迫感和紧张感。如果老师频繁地在学生身边走动，学生心绪变化的频率过快，也会影响听课的效果。而位置静止不动的老师，则会让课堂缺少一些灵动。因此，教师的课堂“站点”值得研究。

在课堂上，教师的角色应当是“平等中的首席”。既然是“首席”，就应当掌控课堂的态势，在有需要的时候，即时自如地调整自己的位置，让学生均衡地接纳信息，获取感知。

在我们思考课堂上教师“站点”的同时，教师的“视点”也非常重要。

“视点”即教师眼神关注的地方。人首先是从别人的眼神中得到第一信息的。在与别人讲话时，有修养的人总会看着别人的眼睛（注意是“看”而不是“盯”）。眼光散乱，左顾右盼，目光游移不定，肯定是失礼的，更重要的是，如此不与交谈人的眼神对接，你无法捕捉对方给你传递的思想和情感信息。

课堂上老师眼神的着落点应该在哪里？

我中学时曾经有一个老师，课讲得不错，但是他的眼睛总是喜欢看教室的屋顶，眼光在天花板上晃来晃去。调皮的学生给这个老师起了个绰号叫“漫天撒”（“漫天看”的意思）。很多不愿学习的学生在他的课堂上做了很多小动作，传纸条、掰手腕、做鬼脸等司空见惯。而另有一个女教师，二十多岁，眼睛长得特别好看，上课时，她总是将充满笑意的眼光在同学们的脸上轻轻地扫来扫去。当学生的眼睛接触到来自这个美丽的女教师充满笑意的眼神时，总有春风拂面的温暖感和愉悦感。因此，学生都争着举手回答问题，希望老师的眼睛在自己身上多停留些时间。

视线能拉近人与人心的距离，眼睛发出的信号可以触及人的心的律动。其实，每个人的身体都是一个“场”，这个“场”发出的“磁波”都会给别人带来一定的影响，要么是正能量，要么是负能量。老师应当始终给每一个学生发出正能量的“磁波”，阳光普照，不偏不倚。当然，当某个学生遭遇特殊情绪期，老师关爱的视点可以停留得长一些，必要时开“小灶”，特殊对待。

我们探究课堂上老师的站点和视点，并不是固化老师的行为。在某种程度上说，关键不是老师站在哪里，望到哪里，而是老师的心站在什么地方，关注哪些地方。只要能与学生的心保持愉悦的无障碍沟通，站点和视点都是其次。

（2015 年 11 月 22 日）

校园生活的“动”与“静”

校园生活应该是什么样子?

有人说，学校是学生学习的地方，应该保持校园的宁静，不要动不动就组织什么活动，搞得校园太热闹，学生的心“野”了，何谈学习?持这种观点的人，把校园活动斥为“瞎折腾”“搞形式”。

也有人说，孩子正处在关键的成长期，学校生活不应只讲学习，通过丰富的校园活动，让孩子得到多方面的锻炼是必需的。持这种观点的人，把没有校园活动的学校称之为“应试教育”“死读书”的学校。

其实，校园生活的“动”与“静”，只要把握好活动的“质”和“量”，就不会有什么教育的原则问题。“静若处子，动如脱兔”应是校园生活的写照。

校园活动的“质”与“量”体现着一个学校科学管理的水平。

活动什么时候开展?一个月开展几次?不同年级有什么区别?三年的整体活动规划怎样制订?每次活动的主题、目的、形式、特色、参与的人数以及宣传的角度等如何把握?这些都涉及校园生活的质量和给学生带来的影响。

活动多了，老师累，学生倦，家长烦。特别是为“活动”而活动、为“宣传”而活动的思想是要不得的。有些活动动辄要求全体学生和家长参加，声势浩大，热闹非凡，教育效果却差强人意。家长对此也是无奈，不参加怕被老师认为“不支持”工作，而次次参加确实精力有限。况且有的活动由“家委会”出面筹集“活动经费”，变相“摊派”，更是违背了某些家长的意愿，也有违学校教育的初衷。当然，学校组织的一些主题鲜明的有价值的精品活动，大多家长是乐意参加的，但活动太多，就会变“滥”，真的成了“形式”了。况且某些学生由此渐渐滋生出的浮躁心理，更应引起注意。

因此，校园活动应纳入学校的管理体系之中，并与校本课程接轨，根据学生的年龄和认知特点科学地规划和布局，切忌一拍脑袋就盲目开展。

当然，有些活动是学生在学习之余自发组织的，比如学生社团活动、兴趣小组活动等，只要是积极向上，有助于学生的身心健康和能力培养的，学校就应当给予指导与支持。

与校园活动“繁多”而“无序”相反的另一个极端，是对活动的强烈排斥和抵制。听不得学生有学习之外的声音，看不得学生有自由活动的身影，容不得学生有自我支配的时间，学习，学习，学习，学生的任务似乎只有学习！

最常见的现象是，给学生的校园生活强行“切割”时间，并精确到“分”。几点几分必须到达食堂，几点几分必须吃完饭，几点几分必须赶到教室，几点几分到几点几分是语文时间，几点几分到几点几分是数学时间……时间限制死了，学生也就失去了“自由”，没有了“自由”的校园生活，便真的如枯井一般“静”了。

这样的“静”是令人窒息的静，让孩子渐渐失去对学校的热爱；这样的“静”是可怕的静，禁锢孩子的“个性”与“天性”。有的管理者对此还常常自诩管理得法，殊不知，没有自由的“静”对孩子来说如同没有色彩的天空，带给孩子的只是单调和灰暗的记忆以及无法挽回的成长的缺失。

教室门口贴着大大的四个字“入室即静”，这是班规！学生任何时候来到教室都不得有声音。有错吗？似乎没错，教室不是学生学习的地方吗？那到了教室学生就应该立即进入学习状态，不能讲话。学生会干部在走廊巡视，发现哪个班有学生窃窃私语，立即“扣分”并记入“黑名单”，上交老师，接下来老师就要“约谈”当事人。可是，教室也是学生活动的地方，在没有上课的时候，学生应该可以在教室自由谈论，互相交流，也应当可以适度地“打打闹闹”，“开怀大笑”。况且学习的形式很多，如小组研讨、正反辩论等，绝不仅仅是独自埋头学习这一种方式。给学生一些自由的时间，让孩子适度“动”起来，动静结合，这其实更有利于提高他们的学习效率。

我们希望校园是学生们真正的乐园，在合适的时间和地点，可以像风一样奔跑！

我们希望校园是学生们学习的殿堂，在汲取知识的过程中，可以像朝圣一般安静！

我们希望学生们每天都有热情的释放和创意的律动，像解冻的江河一样流淌！

我们希望学生们每天都有时间去除内心的浮躁，让自己像处子一样静静地求真冥想！

静则静学，动则灵动，那将是怎样惬意而优雅的校园生活！

（2017 年 11 月 20 日）

警惕"教育虚无主义"

日前，在东莞市中学语文教学研究会年会上，一位老师关于语文教学的发言引发了我的一些思考。

这位老师在发言中多次提到当下语文界名气比较"热"的两位老师，一位是四川的夏昆，另一位是杭州的郭初阳。无疑，这两位老师很有教育思想，也敢于在语文教育界发声，我本人也很钦佩。但是，如何正确而全面地理解他们的观点而不致偏颇？窃认为，如果对教育的认识离开了特定的教育背景和具体的教育现实，一味地否定现在，从忧患的角度分析，我担心教育"虚无主义"将会滋生与蔓延。

夏昆老师有三个"不可靠"很出名，即"成绩不可靠，领导不可靠，学生不可靠"。他认为，将自信建立在成绩上的教师，会因分数的失利而自信全无；将自信建立在领导评价上的教师，会因领导不尽正确而否定自己；将自信建立在学生评价上的老师，也会因学生正处在成长之中及个人好恶而有失公允。并且提出，所谓的好学生，他们的评价标准甚至会比专搞应试的领导还势利。对此，北京大学钱理群教授认为，这样的质疑，很容易陷入虚无主义的陷阱。

我无意反驳这位东莞老师的发言，更无意与夏昆老师"商榷"，只是担忧，什么都"不可靠"，可靠的究竟是什么？当一切都"不可靠"的时候，"虚无主义"真的要产生了。

我承认，当下教育因应试体制而功利主义盛行，但是，就语文教育来说，并非“误尽天下苍生是语文”。语文教育界很多有识之士也在进行一些大胆而有价值的探索，如基于“大阅读”的系列化教学、基于拓展探究的主题化文学鉴赏、基于国学经典传承的文学积累等。所有的探索都离不开有效而科学的教学评价，没有评价，很难界定它的价值存在。高考固然让很多老师和学生忘记学习的初心，为分数“剑走偏锋”。但是，全盘否定考试和成绩也就否定了教育者本身，很容易为教学中的“虚无主义”开绿灯。

至于年会上有老师对“高效课堂”的质疑，也需要澄清一下概念和内涵。“高效课堂”的“高效”应全面理解，不应只看字面就反对。我一直反对将“高效课堂”是否高效的标准界定为“单位时间内知识传授量的多少”。“高效”真正的内涵应是以单位时间内教学的效益、效能、效果以及课堂目标的达成度、学生探究的交互度和能力的生成度来衡量的。所以，将追求课堂的“高效”等同于课堂的“功利”是不对的。不追求课堂的高效，一味强调学生阅读的自由和单纯意义的愉悦，很容易使教学进入散漫无序的境地。阅读教学不能越俎代庖，不应剥夺原本属于学生的感悟。但是，完全扬弃教师对文本欣赏的方法指导也是偏激的。阅读一旦成为感官的消遣，也就失去阅读的意义。当然，我们要旗帜鲜明地反对以“高效课堂”之名行违背教学规律的“机械训练”之实，要大力提倡旨在拓宽学生视野的有价值的系列化阅读。唯有如此，课堂才能务实而不务虚，教育才能扎实而不虚无。

教育功利主义误人子弟，它将学生引入只认分数不要能力的畸形轨道；教育虚无主义同样误人子弟，它会让学生无所适从而虚度光阴。同时，虚无主义一旦盛行，会有大量的“庸师”和“懒师”出现。否定所有的考试与评价，教师中的“南郭先生”也会应时而生。到那时，受害的还是我们教育本身。庸医害人命，庸师害人生，害人生甚于害人命，教育不可走极端。因此，我们既要反对教育功利主义，也要反对教育虚无主义。

常听有些人说，当年曹雪芹、鲁迅等大家也没有参加过高考，更没有像现在的学生这样学习语文，不是照样有那么高的文学成就吗？我认为，不要总是拿曹雪芹、鲁迅这样的特例来说事，天才从来都不是老师教出来的，我们的教育对象又有多少像曹雪芹和鲁迅这样的天才人物呢？

也不要总是拿“静待花开”作为自己“不作为”的理由。“静待花开”是一个很美的教育理念，充满爱的期待，但“静待”并不是不作为地消极等待，而是耐心地用心施肥、培育、唤醒，不至于让花儿错过应有的花期。

当然，我也注意到，夏昆老师在教育实践中很小心地绕过了“虚无主义”的陷阱，他的很多教育“坚守”都是务实的。钱理群教授也称赞夏昆是“永远都走在路上”的教育行动者。

我们希望所有的老师抛弃功利主义，做教育的践行者而不是虚无的消极者，在现实的土地上走出自己坚实的路。

（2016 年 1 月 4 日）

春暖未必花开

春天到来，冰雪消融，人们总希望看到春暖花开、姹紫嫣红的盛景。但是，有些花，无论春的阳光如何温暖，总不领情，春暖未必花开！

据生物学家统计，世界上大约有45万种花，花色花期各不相同。

迎春花是和着春的脚步，早早迎候春的到来的，但很多花并未跟随。妖娆艳丽、其花甚丰、美人睡春的海棠就不急于在春天到来之时开放，而是直至四月天才如美人睡醒。有诗云："枝间新绿一重重，小蕾深藏数点红。爱惜芳心莫轻吐，且教桃李闹春风。"迎风傲立、高雅清脱的菊花则于百花凋零之际盛开，"秋来谁作韵花主，撑住残秋是此花"。冰心粉色、芳姿绰约、芬芳淡雅的水仙，则在天气寒冷、花事阑珊之际幽幽盛开，更不要说雪中的寒梅。

教育，多么希望能够妙手回春，多么希望每一个学生在老师的辛勤培育下共同成长，一起成才。但是，再优秀的教师也不能带出整齐的队伍，总有学生会落伍，哪怕你给予再多的关爱。年轻的教师会很急躁，因为付出得不到回报；有阅历的老师则会沉静，因为他们知道花期未到。

在我20多年的教育生涯中，曾遇到很多当初被"恨铁不成钢"的学生，有的甚至在我的心中早已被判"死刑"。但是，若干年之后，很多学生出乎我的预料，他们携着卓然不群的业绩站在我的面前，让我不得不反思自己的教育是在哪里出了问题。

静待花开！是的，我们的教育缺少太多的耐心和等待，太多的短视和功利充斥我们的内心。我们知道花有花期，却不知人的成长也如花开一般，分布于四季。

我中学时曾有一同桌，他很顽皮，不爱学习，每次考试总是垫底儿，全班同学都看不起他。他是老师天天批评、讽刺、挖苦的对象。但我知道，他很聪明，只是自己一直处于懵懂未开化的状态。不记得是哪一年，因何事，班主任老师当着全班学生面对他说了这样一句话："即使全世界的人都能考上大学，剩下一个考不上，也一定是你！如果你能考上大学，猪也会上树了！"在全班同学的哄笑声中，我分明感觉到，这个我也不太喜欢的同桌的心被深深地刺痛了。从那之后，很多天他都不跟班上任何人说一句话。毕业时，他没有考上大学，之后就失去了联系。但是，十年后再见他时，他已博士毕业，在大学任教。谈起离别后的路，他淡然地说，自己复读了一年，似乎就开悟了。他笑称自己是后知后觉的人。我知道，那位老师给他带来的伤害很重，所以，他从不提及中学的老师。

记得曾看过一个故事，一位勤劳的山中隐士喜欢兰花，不喜欢草。每年春天，院中的野草一露头，他都会清理掉。一天，隐士要出远门寻找他梦寐以求的腊兰，于是委托一位朋友帮他看家。这位朋友很懒，从不清理院子，任野草丛生。夏天到了，一株野草开花了，花边鹅黄，幽香清远，芳心可可。一位花匠路过时发现了这株花，兴奋地说："这是腊兰，非常稀有的品种，许多人穷尽一生都很难找到。"隐士回来了，他做梦也没想到，自己一直寻找的腊兰竟然就在自己身边，只是它春天是草，夏天才是花。

有时，教师的耐心就是爱心，教师的等待就是最大的不伤害。教育者，只需尽到教育的职责，不要急着索要收成。

据说1300多年前的一个冬天，武则天突发奇想，发圣命于百花：“明朝游上宛，火速报春知。花须连夜发，莫待晓风吹。”可是，牡丹却不遵命。武则天于是大怒，将牡丹从长安贬到洛阳。谷雨时节，牡丹花期至，株株怒放，千姿百态，国色天香，艳压群芳。

花期不至，女皇奈何？

守护，等待，有时也是一种教育智慧。

（2015年12月8日）

在学生心中，你是谁

老师，在学生心中，你是谁？

记得小时候，第一次被母亲带着去村里的小学读书，站在高高的老师面前，母亲让我喊“老师”的时候，我很害怕。我感到，老师是一个威严的人。

渐渐熟悉后，觉得老师并没那么可怕。只是心中对老师多了一份神秘感，认为老师无所不知，他的脑袋里有很多我不知道的东西。

渐渐长大，发现老师的神秘感慢慢消失。同学之间也开始背后肆意地谈论起老师来，比如，哪天老师的头发很乱，哪天老师裤子上的扣子没有系好，哪天老师讲错了题，哪天老师迟到了，等等。但是，和老师之间依然感到有很远的距离，偶尔老师向我投来慈爱和鼓励的眼光，不经意间得到老师的一句表扬，我便会兴奋几天。

上了中学，认识了更多的老师，感到中学的老师比小学的老师知识更渊博，虽然现在知道也不尽然，只是因为自己的认知领域在扩大，单纯地横向对比罢了。同时也发现，老师之中也有高下之分，在学生心中，老师是分等级的。

到了大学，走向社会，接触了更多的人，在感恩所有给自己知识和人生引领的老师中，我称有的老师为“恩师”，想起他们，心中总是满满的温暖与感动，他们给我的恩惠，一直铭记于心。

现在，自己也成了一名老师，并且与身边很多风格迥异的同事一起共事。由学生成为老师，再来思考学生，我想，自己在学生心中会是什么样的老师呢？

老师聚在一起常常讨论很多教育教学的方法，如何管理班级，如何处理违纪学生，如何对付调皮的学生，上海有个叫万玮的老师还写了一本书，名字是《班主任兵法》，从“战略战术”上分析与学生“对阵”时的攻略，大有“两军对垒，上兵伐谋”的味道。但是，学生才不管你老师用什么兵法，他们成长过程中很多的行为都是因时、因势、随性而为的。虽说“兵来将挡，水来土掩”也可以让一个老师稳稳地带一个班，但是，只是“挡”和“掩”而缺乏“引”和“导”，学生真的站在了老师的对立面，老师在学生心中会是什么形象！有时想，如果真的将“兵法”引入教育，我认为“攻心为上，攻城为下”这一点似乎还可借鉴一下。不过，细细思之，此“兵法”还是感到火药味太浓，于育人工作而言不太相宜。还是把教育当作“心育”和“爱育”吧。老师在学生心中，应是“心师”和“爱师”。

爱学生，把心给学生，与学生心心相通，不需要太多的“谋略”，只需一个“真”字，便可直达学生内心。与学生同喜，同悲，既做同行人，又做引路人。捧着一颗心来，不带半根草去，学生能不用心敬师？老师只有做学生的“真师”，才能成为学生信赖的“导师”。

在这个时代，为师不易。有人说这是一个“后喻时代”，后人可以做前人之师，此言不虚。上课时，老师稍不留神，讲出的话就会被学生否定和嘲笑。知识更新太快，而互联网平台需要快速获取信息、快速应用信息，这是年轻人的优势。老师如果不能把新的信息及时传递给学生，学生在课堂上也只能昏昏欲睡了。“快马时代”早已取代“慢牛时代”，老师的思维一旦迟滞，势必会被学生的快捷思维超越，学生“挑刺”在所难免。学高为师，学不高怎为人师？所以，当代老师当快马加鞭，即时并终身学习，以自己的底蕴和不断吸纳的新鲜知识武装自己，唯如此，在学生心中，老师才是受他们尊敬的“高师”。

物理学研究表明，宇宙中有一种存在被称为“暗物质”，它是一种比电子和光子还要小的物质。据说它霸占了宇宙90%以上的地盘，却看不见摸不着。其实，人性中也存在很多的“暗物质”，这种“暗物质”存在于人的内心世界，不为人知，有的也不为己知。只有当特定的时机来临，人性的“暗物质”才可能显现出来。人性的“暗物质”有的是正能量，有的则是负能量。只有正能量的“暗物质”无限地增长，负能量的“暗物质”才能被无限地挤压。老师也是人，也必然会有人性的“暗物质”存在。但是，在学生面前，老师的负能量“暗物质”应当无限地缩小，真正地“暗”下去。因为，老师面对的是正在成长的纯真的学生，不能用任何的污染性的杂质玷污他们纯洁的心性，这是老师的职业必然。很难想象一个贪图钱财和热衷功名的老师教出的学生能够成为洁身自好的高洁之士。国人将孔子称为“圣人”，是因为他为我们东方这个一度没有纲常和伦理的民族确定了“仁”和“礼”的价值核心。孔子是万世师表，我们每一个老师也应当不断净化自己的“内宇宙”，像圣人那样，不让负能量的“暗物质”占据自己心灵的空间。老师的最高境界应当是学生心中的“圣师”。

在成为“圣师”的路上，老师要先做学生的“心师”“爱师”“真师”“导师”和“高师”。只有如此，才能被学生尊为“恩师”。

（2016年1月25日）

课堂上慎用“主观定性评价”

前不久去听一位老师的课，一节课下来，其精炼的课堂语言着实让我钦佩。但是，课堂上不断出现的对学生、对知识的“主观定性评价”，却又让我深感担忧。

“这个问题不会的同学举手！……（扫视举手学生）你们都是上节课不认真听讲的人。”（对学生“主观定性评价”）

“请注意，这个是重要考点。”（对知识“主观定性评价”）

“这道题你解不出来，就是你的逻辑思维有缺失。”（对学生“主观定性评价”）

“你提出的这个问题太幼稚了。”（对知识“主观定性评价”）

“这次小测验又是张某某倒数第一！想当千年老一？看人家李某某，几乎每次都是第一名，牛!”（对学生“主观定性评价”）

“这个知识点中考不考，不用管它。”（对知识“主观定性评价”）

……

不要单单用“课堂功利”来评价这位老师。为提高学生对重点知识的关注度，以及加强对学生的激励与鞭策，很多老师都在课堂上使用这些“主观定性评价”。我们要思考的是，这些“主观定性评价”经常性的过度使用会给学生的思维带来怎样的影响。

教师的话，对中小学生来说有时不亚于一道“圣旨”。

对学生表扬式的“主观定性评价”，学生会兴奋；反之，批评性的“主观定性评价”则可能让学生的学习情绪受到打击。当然，不是不能对学生进行批评性的评价，而是在批评前要注意客观的措辞，尤其要注意“主观定性评价”对学生带来的心理影响。有研究表明，过多使用表扬性评价也未必会达到促进性学习的效果。表扬性评价不同于鼓励性评价，表扬侧重于给予学生荣誉，但荣誉过多过频，人的心也会麻木；而鼓励则侧重于对学生内心进取欲望的唤醒，善用鼓励，可能会激发出学生源源不断的动力。因此，我们应提倡教师使用鼓励性、指导性、正面性、全面性的评价，而不是盲目的“主观定性评价”。

对知识基于考试的“主观定性评价”，可能对学生成绩而言有所促进，但是，对学生知识体系的完整尤其是对学习能力的促进，则可能是不利的。总是着眼于重点和考点的教学，会割断知识的链条，而且，这样的课堂也不会有趣味性和艺术性可言。久而久之，学生对学习失去了兴趣，成绩也不会有大的突破。我曾经与高中老师进行过交流，发现学生升入高中后数学成绩下滑很快。究其原因，有些知识在初中不属于中考内容，老师不教，但是在高中却必须用到。加之高中、初中知识的难度系数跨度过大，致使一些学生进入高中后数学学习即遭遇“滑铁卢”。

咱们一起来看看另一位老师的语文课，她上的是古诗鉴赏。老师情景引入、提出问题后，学生便开始“小组合作探究”。我惊奇地发现，这个班每个小组的组员在倾听别的同学对某个问题的观点阐述后，几乎都会用上一句中肯的评语。

“我同意你的分析，但是，我想补充一点。”

“如果我们这样思考，会不会更符合语境？我们一起读一读，再体会一下好吗？”

“谢谢你，你的观点给了我启发。”

“我认为不应这样理解。我们再查阅这本书上的材料看看如何？”

……

几乎都是鼓励、启发并促进性的学习评价。

当各小组代表展示完各自的探究成果后，一个女同学站起来示意发言。老师说：“请同学们静一静，我们来听听赵静同学还有什么更独特的理解。”

当那个叫赵静的女同学把自己对其中一句诗的意境进行深度赏析后，老师说了这样一句话：“同学们，如实地说，赵静同学的理解是我没有想到的，我感到她的内心世界已与诗人的情感无限接近。假如你是这位诗人，你会有怎样的心境？再交流一下好吗？”

鼓励性的语言像春光播撒在孩子们的心苗上，让孩子们的求知之树茁壮成长；指导性的语言像清晰的路标，引导孩子们在知识的征途上正确前行。唯有鼓励性和指导性评价并用，老师才能有效地推动课堂的进程。

我想，这个班的学生普遍善用恰当的评价语言，应该是得益于他们的语文老师吧！而这个班学生的探究精神和合作能力也必定是突出的。假以时日，这个班的孩子各方面的能力一定会有质的飞跃。

老师的课堂评价，潜在地左右着学生的发展，基于此，我们应加强这方面的研究，在课堂上慎用“主观定性评价”。

（2016 年 3 月 20 日）

教育之“融”

为未来而来，到心灵中去，是教育的本质使然。不能与学生的心融合，何谈教育？《学记》云，亲其师，信其道。“亲其师”，即学生的心与老师的心相亲相融，如此，师生的思想才会实现无障碍的沟通，“信其道”也就成为必然。

教育之“融”，即师与生的融心、融情、融意、融志。尤其是中小学教育，孩子正处于感知世界的初始期，一份来自教师的温暖会迅速让学生找到心灵的依托。而这份情感“依托”也将使教育的效应产生最大化。

“和合”为“融”。先从古代先贤的“和合文化”中寻根探幽。

儒家创始人孔子把“和”作为人文精神的核心，把“仁”作为最高的道德原则和道德境界，“仁”是“和”的升华，是“融”的归宿。道家创始人老子提出“万物负阴而抱阳，冲气以为和”的思想，认为“和”是宇宙万物的本质以及天地万物生存的基础。《管子》将“和”“合”并举，认为和合便能和谐，和谐所以团聚，和谐团聚，就不会受到伤害。《周易》提出十分重要的“太和”观念，讲“保合太和，乃利贞”，认为保持完满的和合，万物就能顺利发展。

但是，现行教育因应试而形成了太多的“对立”。师生之间教育与被教育的对立，学生之间成绩优与劣的对立，高考因淘汰机制而形成的上榜与落榜的对立。教师空洞说教，方式简单；学生思想叛逆，消极厌学，很多时候教师与学生两条线很难达到默契与交融。教育因对立而功利，因功利而浮躁，因浮躁而很难心心相容。而教育的对立势必蔓延到社会的各个领域，形成社会阶层之间的阻隔。

东华教育集团董事长李胜堆先生谈及教育的理念，多次用“慈悲为怀”来表达内心的希冀。“慈悲为怀”虽源自佛家教义，却准确地阐释了“融”的底蕴。“慈悲”即“大爱”，一名教师如果真能将“大爱”放在心上，师生岂不和合而融？学生岂不幸福于心？

教育是心志相通和灵魂交融的艺术。教师一旦走进学生的内心世界，就会发现，那是一个丰饶、灵动、充满无限可能的“园林”。走进这座“园林”，老师未必要急着去开垦和改变，教育要做的事情首先应当是欣赏，然后，看花期和花色，因势利导，因地制宜。“园林”中的都是“花仙子”，都有灵性，花儿当然会感受到爱的关照与温暖。站在道德高地上一味地指责和说教，无异于粗暴地折断花枝，而不去抚慰折枝后的伤痛，令花木恐惧生长。教育应当给花儿以美妙的音乐，让花儿在静美时光中成长，在美妙音符中愉悦地怒放。一个优秀的老师，一定有一双洞察孩子内心律动的慧眼，每一个花期都有这双慧眼的爱的关注。

教育的指向直达学生内心最柔软的地方，并不意味着教育的属性只是柔弱无刚。教育在重视欣赏的同时，必要的、有为的雕琢是必需的。只不过，雕琢也需要“圆融”。古代的木工做车轮，用的是山之直木。“良匠揉之，其圜中规”，好的木工，把直的木头拿来加工，变成弯的形状，一天天慢慢地、静静地、不急不躁地去加工，平常看不出效果，等到轮子做成功了，效果就出来了。这种功夫，就是“圆融”般有为的修养。

很多老师，缺乏教育的耐性，缺乏一种走入孩子内心的坚持，缺乏一种静待花开的优雅，缺乏一种圆融的气度。教师，需要修炼。

教育，其实是心育——用一颗心感染与唤醒另一颗心，用一颗心亲近与融合另一颗心，思想之水交融，智慧之花盛开。这就是教育。

（2015 年 11 月 16 日）

“严”与“爱”不是教育中的悖论

近来，微信圈中有一个貌似悖论的观点：对学生过度讲“爱”，就是对学生一味地放任与纵容；教育不应过度宣扬“爱”，而应从“严”入手；严即规范，规范方可成器。

“严”与“爱”真的是对立的吗？

在教育过程中，面对心智、习惯未定型的孩子，严格要求不可缺少，这如同茁壮成长的小树，旁逸斜出的枝杈是要修剪的，不然不可成为栋梁之材。但是，园林师知道，修剪树木是有讲究的，并非随时随意裁去不顺眼的枝条。北方树木的修剪一般是在树木休眠期（秋末至春初），这样会将损害降到最低。而春季开花的花木，修剪要适度，只剪除无花的秋梢，不能重剪，以免影响第二年开花。当然，修剪因树木特性而异，有的还需考虑天气以及树木的生长情况。有经验的园林师会注意修剪的位置和剪口的平滑度，修剪后还要给树木涂上一些保护剂，以利愈合。

手握剪刀的园林师握着的不是屠刀，而是爱的“护林神器”。他们手中剪出的是有用的树，而不是枝折花落的枯木。教育中的“严”，同样需要园林师的修剪艺术。

常常发现老师批评学生时的失当行为。批评是教育不可或缺的手段，但是，不当的方式就是不当的“修剪”。

学校是允许学生犯错误的地方，学校更是帮助学生改正错误的地方。学生不犯错误，要老师干什么？学生很完美，要学校干什么？因此，老师首先应该修炼好自己作为教育者的心态，当学生犯错误时，当以一种包容之心泰然处之。雷霆之怒要不得，不然，怒气之下手中的“剪刀”很容易变成“屠刀”。

有一种观点我也认可，没有惩罚的教育不是完整的教育（“惩罚”不是“体罚”，“体罚”是严令禁止的）。但是，有的老师错误地理解这句话，将“惩罚”当作治班法宝：宿舍扣分，罚站！作业没完成，罚抄！上课说话，写几千字的说明书！与同学打闹，请到办公室“喝茶”！“罚”字当头，一切从“严”！固然，这种“严与罚”让班级量化数据好看了，甚至会得到某些领导的表扬，但是，隐藏在背后的问题是否真正得到解决了？动辄罚站、罚抄甚至更加过激的行为都不是真正的教育，一切以教育为借口违背教育规律、伤及孩子心理的行为都是伪教育。

教育中适当的惩罚是必需的。惩罚得当能够让犯错不断的孩子长长“记性”，让他们对需要遵守的规则心存敬畏。但是，很多老师只知“动刀”修剪，不知修剪后在“剪口”上涂“愈伤膏”。“伤口”一旦不能愈合，“树木”将会枯萎甚至坏死。与优秀的老师交流，你会发现，他们都精通“育心之术”，都知道教育其实是“入心”和“疗心”的艺术。“心师”是为师的最高境界！

在所有“惩罚”之中，语言伤人是最具杀伤力的。在孩子的世界里，老师就是天，老师的评价无异于宣判！教师的语言对学生内心的挫伤和打击，有时会击垮学生的自信心，从而摧毁他们向上的动力。在老师的嘴中，有些词是不适宜出现的，如差生、愚蠢等。如果说“没有教不好的学生，只有不会教的老师”这句话会让很多老师反感，那么，从某种意义上说，不去采取有效的方法并付出持续的努力而给学生贴上“差生”的标签，就是教育的无能和老师的失职！

昨天，一位家长来到我的办公室。他首先表达对孩子老师的感激，但是，脸上的焦虑让我感到他遇到了问题。他告诉我，这两天，他和爱人一直失眠，因为自己给予厚望的儿子成绩退步很大，更让他忧愁的是，班主任老师在与他的电话交流中说出这样的一句话：“你的孩子很差，我已经失望了！”我们不去分析这位老师是在何种情绪下说出了这句话，我们只需换位思考，如果自己的孩子被老师打入“差生”的行列，并且让老师“失望”，那么，把全部希望寄托在孩子身上的家长能不失眠吗？如果“差生”和“失望”的词语被学生听到，学生的天空又将是怎样地黯然失色？

批评的目的，是要给学生信心和力量，而不是为了打击、毁灭孩子的自信心，更不应该成为老师自身情绪的简单发泄。

一切的教育手段，都必须基于对学生成长的激发。

东华有很多被学生称为“妈妈”和“爸爸”的老师。“姓+妈妈”和“姓+爸爸”的称谓，让老师何等幸福！其实，这些“妈妈老师”“爸爸老师”对学生的要求也很严，但是，“严”的背后，他们付出更多的是“爱”。

很多老师并不缺乏“爱心”，缺少的是“爱智”。如何爱学生？这一问题体现“师爱”的智慧。

教育中的“智”与“严”在教育中的“度”是同一个命题，“师爱”与“师严”不是非此即彼的悖论，而是不可分割的相融体。会爱学生的老师，一定是一个懂得养成教育的老师，懂得科学的惩戒之道的老师，更是一个善于走入学生心灵的老师。

师爱大于母爱，师爱更需智慧。

学生的“欧妈妈”如是说：

> 作为老师，特别是作为班主任，谁没有生气过，谁没有“歇斯底里”过，但是怨过、气过方知爱有多深，在我们用足够的爱和耐心等待孩子们成长的过程中，你会发现你收获的幸福和感动会越来越多。
>
> 每次批评学生之后，我总会第一时间把他拉回来，

绝不让他离我越来越远。

我觉得初中的孩子毕竟还是孩子，还是要用智慧去爱，只不过三岁孩子有三岁孩子的“爱”法，十三岁孩子有十三岁孩子的“爱”法。处理问题时如果能走进孩子的心里，让孩子打心底里认可你，那么以后的日子里，这些孩子都会心甘情愿地视你的话为圣旨，因你而开心，因你而快乐。

刚入学时，我的班上有个孩子经常中午在宿舍不睡觉，一开始跟他苦口婆心讲了几次午休的重要性，但是效果都不怎么好。有一次，宿舍另一个孩子偷偷告诉我，这个同学中午睡了一觉。于是下午一见到他，我就迫不及待地跟他说，你今天看起来精神很好啊，简直帅呆了！看着这么帅的男生，心情都特别好！这孩子一听好开心，慢慢开始强迫自己中午睡觉了。现在的他在宿舍变得越来越好了，我再也不用担心他中午不睡觉“犯事”了。

要用平常心去对待班主任工作和教学工作中遇到的困难和挫折。请相信，孩子们带给你的惊喜和感动是无限的。只要有爱，一切都不是问题。

世界上最幸福的职业就是老师，只要你喜欢。

幸福就是当你走进班级时，迎接你的是一缕缕阳光，而不是一道道闪电！

幸福就是一个个爱的瞬间的集合体，这些瞬间天天在我身边发生：

忙碌的孩子们离开教室时总不忘对我微笑，亲切地说一句：“老师，我先回宿舍了……”

我走进教室，说了一句：“我需要两个‘壮男’帮忙搬东西。”结果一窝蜂几十个孩子一下子涌上来……

阿钊上节课被我狠狠地批评了一通，一下课就跑到我办公室，扭着腰对我说："美女，你觉得我帅吗……"

刚毕业的学生拿到第一份工资请我吃饭。因为我临时有事，他足足等了5个小时，还一直在电话中跟我说："老师，没事，您慢点，我会等你一辈子……"

做老师幸福在哪里？在心里。

学生敬爱有加的杭老师如是说：

犹记得曾经一个学生以与老师斗、与宿管斗为乐趣，无论我采取什么措施，他都充满了敌意；犹记得当学生歇斯底里地对我吼叫："你就是对我有意见！我不做，这书我也不读了！"我的内心像被刀挖空了，整个世界都暗无天日。我不断地质问自己：为什么我是一腔热情，学生却完全领会不到？痛苦的反思中我向教育界的名家求助，终于发现，原来在我的心里，严格教育就等同于惩戒教育。为了达到树立威信的作用，在有同学不遵守纪律时，我充当了教育警察，毫不留情，大声呵斥。当发现学生成绩下滑时，我公开批评直到他低头，直到他懊恼。当发现有学生拍拖时，我立即公布于众，宣扬要上交学校处分。班会课有时也因为班级的违纪事件而转变为临时批斗会。这种惩戒式教育，让学生彻底远离了我！教育一旦成了一件苦心事，你待学生如初恋，他们却虐你千万遍。

本学年，我又接了一个"问题班"。我在心中告诉自己，我要建设一个不一样的班级。可是真正接触后发现，问题没有想象的那么简单。这样的班级，问题学生多，个个都很棘手。我心里急得像有火在烧。怎么办？我赶紧稳住自己，先给自己找了很多"问题学生"合理存在的理由来稳定住自己：有问题学生的存在班级才完整，有了问题学生的存在，我的班主任生活才有趣味性，转化问题学生能提高我的班主任工作能力，等等。我暗暗告诉自己，万事万物相生相克，“问题学生”本来就是相对于班主任这个群体而存在的，如果每个学生都那么听话懂事，那还要班主任干什么！有了这样的态度，每每看见班里的问题学生，我都如同看到了提升自己的大好机会。我不再紧盯着他们的一举一动，不再只关注他们的名字被班干部记了几次。相反，我注意去找每个孩子的独特之处，关注每个孩子每天的进步。自从把眼光从他们身上琐碎的不足中移开后，我更加宽容了，也感到了班主任工作的乐趣。

我坚信教育就是一群不完美的人引导着另一群不完美的人追求完美的过程。所以我给班级拟定的口号是，“努力，只为了遇见更好的自己”。我努力忘记自己是教师，而把学生视为我成长路上志同道合的朋友、荣辱与共的伙伴，我们只是在共同成长。于是，我更加用心地对待我的孩子们，努力去嘘寒问暖，去了解他们的喜怒哀乐。我相信一颗心可以在另一颗心上种下爱的种子，并让它生根发芽。

一个男孩儿在周记中写道：“一学期下来，总觉得自己才开始懂事，才开始做人。很庆幸在我懂事的过程中，遇着一个像杭老师这样的班主任，成长路上的坑坑洼洼让我总不敢打开通往理性的大门，是班主任推了我把，让我撞开了不曾打开过的新世界之门。”

感谢孩子们让我体验到了成长的意义、生命的意义。一个教师，一个真正意义上的教师，就应该努力追寻和学生共同成长的快乐，这种快乐简单、纯粹、高尚。

真正的教育，一定是对人的教育。它不需要苦心修炼技巧，只要有精神，有感情，用心做，就一定能用一颗心去影响另一颗心，一个人去推动另一个人。

最近，两则“学生群殴老师”的新闻惊爆国人的眼球。有人说：“这是被宠坏的一代!”还有人疾呼：“谁来捍卫老师的尊严?”“我们的教鞭去哪儿了?”并且称“这是中国教育者最窝囊的一代”!

当一个“热点”开始在网络发酵，一些偏执的思维总是容易过度“兴奋”，进而鼓动大众的思想从一个极端走向另一极端。我们承认，群殴老师的事件的确恶劣，确实有些冥顽不化的学生对学校和老师缺乏敬畏之心，学校制度必须发挥强有力的作用。但是，个案一定有其特殊性，纵观当下中国教育，教师绝不是“最窝囊的一代”！出现如此痛心的事件，理性的教育不应是去走另一个极端，让老师高高举起教鞭，让教鞭代替管理，以此重塑教师的“师道尊严”，而是需要深层次地剖析教育的内在问题，对症下药。这些敢于“挥拳向师”的顽徒缺失的是什么？他们为什么会缺少这些东西？在他们纯真笑脸像花一样第一次在老师面前绽放的时候，我们的教育有没有做好充分的准备？我们的第一课、第二课、第三课是怎样一步步遗漏更多的不应丢失的东西？我们的教育应当承担什么样的责任？任何一个结果的出现都是渐进的，教育更是如此。有些学校的教育是不是过于粗线条？是不是没有走进学生的心灵？缺失“爱”的教育，缺失“严”的教育，也缺失“心”的教育，带来的结果能不可怕吗？

教育需要智慧型的老师，而教育的智慧离不开“爱”和“严”的和谐统一。

（2016 年 4 月 28 日）

一个不得不思考的现象

昨天，我观摩了我校学生会主席的竞选活动，每一名候选人的出色表现都给我留下很深的印象。他们的才情才智感染了现场的每一个人。很多受邀前来的家长看到孩子在东华的成长更是倍感欣喜。

高兴之余，一个现象引起了我的思考。也许，这个现象早就潜伏在心中，只是这样的竞选场合更加触动了我。

这个现象是，经过层层选拔脱颖而出的八名候选人中，竟然只有一名男生！

我还了解到，各年级组在推举候选人时，参与竞选的学生也绝大多数是女生。老师们谈起这种现象，很无奈地说，男孩子大多“上不了大台面”，明显不如女生。

我想起去年在华东师范大学参加培训时一位教授谈到我国中小学学生“阴盛阳衰”的现象。在考察上海的一些学校时，也发现学校的学生会和班级的干部大多也是女孩子，男孩子几乎都是“听命”于女孩子的管理。放眼东莞周围的学校，哪一个不是如此？同时，我们也发现，不仅中小学如此，每年大学放榜时，那些所谓的高考“状元”不也大多是女生吗？

男孩子怎么了？

我们是不是应该思考“男生教育”的问题？

有人说，“男生教育”是个“伪命题”。他们认为，低年级女生成绩比男生好是生理因素在起作用，随着年龄的增长，女生的优势逐步弱化，到了高中甚至大学会有一个转折期，最后男生会超越女生，占据明显的优势。持这种观点的人会把当今成人世界中男人占据主导地位作为论据。

我们不去分析成人世界中女人因家庭、孩子的拖累对个人发展的影响。但是，就教育本身而言，我想，我们需要思考以下几个问题：（1）是否应该把男生和女生放在一个教育的维度去培养；（2）在男孩子这个年龄段心理出现畏惧和退缩时，是否应该多一些鼓励、多一些机会给他们；（3）教育承认个体的差异，但是，教育不是一直倡导因材施教吗？对待男生和女生不同的“材质”，学校也应有差异化的教育，而差异化教育的最终目的，是实现所有孩子的共同发展和全面提高，而不分男生、女生。

因此，学校应该把“男生教育”和“女生教育”作为课题去研究。分析生理、心智、环境等因素对男生、女生发展轨迹的影响。在男孩子出现不自信的状况时，要因势利导，及时给予信心和力量。尤其是中小学教育的过程中，心理健康教育的外延应辐射到男生心智发展的层面，承载起男性阳刚塑造者的责任。

近几十年来，我国实行一胎化的计划生育政策，独生子女中的男孩子备受父母的宠爱。在学校，那些想家哭泣的学生绝大多数是男生。每当看到这样的情形，我总会想起自己小时候生长的农村。那里很多家庭都有几个孩子，父母忙于农活，根本无暇顾及，只好让大一点的孩子照看年幼的弟弟妹妹。在生活艰难的环境中，在放养式的“养活”（很难称之为“教育”）中，孩子慢慢长大。尤其是男孩子，父母要求更严。做了错事，男孩子常常被打一顿。父母的体罚虽不会伤筋动骨，但也足以让男孩子铭记于心。大一些的男孩子一定会被要求下地干活，由播种，到收获，和父母一起面朝黄土背朝天，挥汗如雨，在辛苦劳作中，男孩子渐渐懂得了付出、责任、坚强和担当。

随着经济的发展，21 世纪的今天，家庭与学校的教育给孩子提供了优越的物质条件。但是，精神层面的磨炼却被忽略和弱化了，尤其是对男孩子坚毅性格、阳刚之气的培养。

我们希望我们培养的女孩子具备淑女气质，或者像“铁娘子”撒切尔夫人那样具备领袖气质；但是，我们不希望我们培养出来的男孩子懦弱、封闭，不敢进取。我们希望我们的男生在具备绅士风度的同时，也应当具备一种英气、豪气和敢于竞争的理性的霸气！

这需要引起我们的重视。

（2015 年 10 月 1 日）

读懂他，就要懂得如何与他“交际”

每个老师都希望能读懂学生，希望能真正走进学生的心中。但是，师生之间心灵的距离不是每一个老师都可以轻松跨越的。

想读懂学生，就要懂得如何与学生交往，要有意识地培养自己与学生的“交际”能力。

师生之间的交际，绝不仅仅是简单的交流，更不同于世俗交往中的八面玲珑，而应该是建立在心理认同基础之上的语言、神态、行为、情感等方面的沟通与默契。

我们发现，“交际能力”强的老师，处理班级事务总能游刃有余，再顽劣的学生在他手下也会“浪子回头”。这样的老师会为学生创造促进性的学习环境，从而激发学生学习的内驱力。而那些“交际能力”弱的老师，班级事务常常会处于松散的状态，学生会因老师不善“交际”而使师生的心很难走在一起，学生的学习兴趣和效率都受影响。

老师与学生的“交际”是一门艺术。

曾经在初中学生中做过一个问卷调查，设计的问题只有一个：你喜欢什么样的老师？

从近200名学生的反馈中发现，那些青春靓丽、爱好运动、幽默风趣、善解人意、笑语盈盈、知识丰富的老师最受学生欢迎。

中小学不同于大学，学生对老师更多的是基于感性的认知与接纳。老师的形象、爱好、语言、神态、情感直接影响着学生与老师的距离，也决定着老师与学生“交际”的效果。

教师颜值高，特别是那些青春朝气、时尚风采者，会给学生带来视觉上的悦纳和心理上的吸引，会无形中打破师生之间交流的隔膜。当然，颜值并非要求老师貌若潘安，美如貂蝉，而是说，为师者展现在学生面前的应是一种清爽、雅致、不附庸的形象。很多老教师上课之前一定要先到仪容镜前看一下自己的仪容仪表，就是要让自己在学生面前始终保持一种正者和师者的形象。曾经有这样一位老师，他常常头发蓬乱，衣不合体，加之天生皮肤黝黑，似清洗不净，学生背后以“丐王”呼之。如此形象，学生如何愿意亲近？此君与学生的“交际”因自己不修边幅而无从谈起。作家魏巍直到晚年仍然不忘小学时的蔡芸芝老师，很大原因是当年蔡老师的温柔美丽，特别是蔡老师嘴角边的“美人痣”，让其毕生难忘。因此，有些学校提倡女教师化淡妆、男教师重着装，我深以为然。

爱好运动的老师身上有一种动感，动感给人心理的感染是很强烈的。师道尊严往往让课堂上的师生关系无法摆脱拘谨，而运动场上师生共同参与的球赛，则会让学生忘记师生关系的“尊卑”，没有了潜在的等级之分，学生与老师的心理之间也就有了直通车。会做工作的老师常常把与学生的交流沟通放在运动场上。著名歌手田震前段时间教一个不爱说话的男孩子学唱歌，因男孩子性格天生内向，怎么也无法沟通，以致师生二人都产生了放弃对方的念头。后来，田震与该男孩子在运动场上踢了一场球，奇迹般地让师生的心融在了一起。

每个人都希望自己的心能够沉浸在愉悦之中，而幽默风趣的谈吐无疑会让听者接收到快乐的因子，从而心境大开。课堂上，在传授知识的同时，老师幽默的语言会让孩子散乱的心凝聚起来，从而在轻松愉悦之中高效地获取知识。幽默是一种智慧，它会化解很多的心结。一句话可以让人心事重重，一句话也可以让心事烟消云散。老师的风趣是班级快乐的礼包，是师生关系的黏合剂。

善解人意的老师很容易走进学生的情感空间。不可否认，人在潜意识中大多是以“主观”看人的，但是，教师这个职业面对的是成长中的孩子，成年人的“主观臆断”往往会挫伤孩子的心。蹲下身子，放低身段，让心向学生敞开，多去倾听学生的“心跳”，以同理心去感受学生的内心世界，老师会有不一样的发现。师生的心共振共鸣的前提，是老师的理解和包容。老师不一定总是站在“台上”，走下来，走到学生身边，就是最好的交往。

笑容，是上天赐予人类的最美的花朵，可惜，很多人早已丢弃。在这个以整容追求颜值的时代，很多年轻人却不知道，笑容是最好的美容。老师在与学生交际的过程中，笑是最高的艺术。因为，老师的笑，可以破冰，可以暖春，也可以荡涤心性。国际上一项研究发现，许多教师不知道和学生进行微笑的目光接触，而当学生犯错误时，严厉的目光瞬间则会把学生的心推到千里之外。当教师与学生进行微笑的目光接触时，学生的心会与老师的心快速地靠近，走向相融。

当然，教师知识的丰富更应该成为赢得学生认可的底牌。老师要想赢得与学生“交际”的主动权，别忘记自身的学习与提升。

美国著名学者弗洛拉·罗巴克和戴维·艾斯比在《孩子不可能从他们不喜欢的人那里学到东西》一书中谈到他们的研究成果，认为那些善于为学生创造高水平促进性学习环境的教师，通常采用的“师生交际”方式有七种：（1）更多地回应学生的感受；（2）在教学互动中更多地采纳学生的建议；（3）经常与学生进行讨论（对话）；（4）更多地表扬学生；（5）谈话随情景而变化（较少仪式化）；（6）会根据每个学生的基础，使用更多定制化的教学内容（给出满足不同学生直接需要的不同解释）；

（7）更频繁地对学生微笑。

这七点中，每一点都力求顾及学生的需求，直达学生的思想，力求能读懂学生的内心。唯如此，方可实现师生之间的无障碍“交际”。

（2016 年 3 月 17 日）

给孩子一个支点

在清华大学读书的学生紫萱来看我时，我和她聊起学生成长中的问题。她向我建议，关注一下她的导师对“积极心理学”的研究，这引起了我的兴趣。

教了一届又一届的学生，像紫萱这样一直优秀并最终考上清华大学这类名校的并不是很多。我问她，当年那些在班上成绩不太优秀的同学一般有怎样的心理？她笑着和我一起分析，成绩好的学生天天享受阳光雨露，肯定很开心；成绩不好学生承受的来自老师、家长的批评会很多，苦闷和自卑常常会像乌云一样压在心上。久而久之，开朗和忧郁的性格在那个时候就慢慢形成了。

“但是，老师，每一个孩子都是独一无二的！按成绩将学生划分成三六九等，并不代表成绩差的将来不会成功。”紫萱说。

是的，现行教育中“唯分数论”让很多孩子失去了本来就有的个性光芒，一刀切式的“教育克隆”又使很多学生隐匿了特长与兴趣。成绩不好，被贴上“差生”的标签，沦为“另类”。“分数高者为尊，分数低者为卑”的群氓意识将“成王败寇”的思想过早植入孩子的心里，为学生心智的健康埋下了隐患。

想起古希腊科学家阿基米德的那句名言：“给我一个支点，我可以撬起整个地球。”

在教育过程中，我们并没有交给很多学生一个撑起信心和力量的“支点”。我们的教育太关注分数与名次，以致忽视了他们本有的特长、个性与内心需求，很多特质迥异的孩子，泯然于众，不为人知。

如何给学生一个支点，指导他们撬起自己的人生？

如果任何时候，对任何学生，哪怕出现再差的成绩，我们的老师都应给他们以“积极的心理暗示和诱导”，给他们一个乐观自信的“心理支点”。有了这个“支点”，学生就有了力量的支撑和前行的动力。要坚信，“给学生一片蓝天，他们会让它繁星点点；给学生一片绿地，他们会让它春色满园”。

真正去认识和发现每一个孩子，使孩子成为独一无二的自己，让兴趣、爱好与特长成为他们成长的“支点”。这个“支点”，是孩子的信心“源”与开心“点”，足以让孩子轻松愉快地成长。

前段时间，市教研室王健主任来学校，聊起教育个性化的问题，他反复谈到一句话：“学校应当为每一个孩子提供最适合的教育!”“最适合的教育”应当是“个体的适合”，绝不是“共性的适合”。而每一个学生“最适合的教育”，其实就是教师给学生提供的发展的“支点”。当教育真正贴近每个孩子的内心需求时，教育才算完成真正意义上的普及。

教育的前提应该是相信每个孩子都是独特的。只有坚信这一点，我们才能发现每一个孩子不同于其他孩子的才华，唯如此，教育才能真正做到因材施教。

紫萱问我是否看过《死亡诗社》这部电影，我摇摇头。她说我很像电影的主人公基廷老师。紫萱还谈道，看到我的《303 房间的秘密》那篇微信文章时很激动，现在她才明白，当时没有必要追问故事的结局，过程就是一种享受。

紫萱走后，我上网查阅《死亡诗社》这部电影的介绍，了解到基廷老师的课总是鼓励学生独立思考，遵从内心的呼唤，享受生命的激情与快乐。在课堂上他经常让学生们朗诵惠特曼等伟大诗人的诗作。在他的影响下，一批学生成立了古诗人诗社，夜里躲到山洞里朗诵诗歌，做各种年轻人想做的事情。由于基廷老师的教育理念与主流社会截然对立，最终电影的结局是个悲剧。但我依然认为，基廷老师给每一个孩子找到了人生的“支点”。

我当然不及基廷老师，紫萱说我像基廷老师，是溢美之词。但我希望我们的老师都能承担起帮助学生寻找人生“支点”的重任。

有了“支点”，我们的每一个学生也同样能够撬起“地球”。

（2016 年 1 月 14 日）

呼唤直达心灵的教育

做了多年教育工作者，我发现师生之间、父母和孩子之间有太多的心灵隔膜。隔膜有时如高峻的山，无法逾越。

人们习惯用“代沟”搪塞，其实，是心灵不通所致。

当然，人都有一种与生俱来的孤独，每个人的内心都是一个相对封闭的小宇宙。但是，没有哪颗心不渴望与另一颗心碰撞与交融。只是，缺少的是温度、力度和角度。

常常看到一些学生紧闭着嘴唇不与人交流，对老师或父母的询问以单字或单词应答；也常常看到一些年轻的老师或父母面对“不语”的孩子束手无策，怒气难抑。如两座冰山，遥遥相对却无法相融。多少年之后，物换星移，时过境迁，已经长大的孩子回忆起当年老师和家长的不理解，仍心存怨恨。这是教育何等的憾事！

而教育更大的遗憾则是错过孩子最佳的心智成长期，以致产生脆弱的“易折心理”和扭曲的“变态心理”。

我一直认为，教育的本质是心育，教育应是触及灵魂的行为。

我无法理解学生面对老师和家长时的冷漠，无法理解老师和家长叩击孩子心门时孩子的封闭。教育，应当找到一条直达学生心灵的路径。

多么希望，老师走进教室扫视一眼几十个学生，就能准确地捕捉到每个孩子脸上传递的信息，洞悉孩子心理的异常变化。

多么希望，父母在家中多倾听孩子的心声，少指责孩子，放低居高的身段，放慢挣钱的节奏，与孩子进行朋友式的交流。

多么希望，老师了解学生的心理需求，在学生最无助的时候，老师是他心野上最温暖的一缕春风。

多么希望，家长不把过高的期待强加给孩子，不让孩子背着太重的负担前行，让孩子的天性得以放飞。

多么希望，老师是学生的景仰，学生是老师的爱徒。

多么希望，家长是孩子的港湾，孩子是家长的心花。

多么希望，校园里老师和学生任何时候都能无障碍地喁喁细语，开怀大笑，心灵交流。

多么希望，家庭中父母和孩子做任何事情都能彼此尊重、平等地商议，父爱子孝，母慈女淑。

心与心之间的障碍，大多因教育之伤而起。

教育若只有批评没有鼓励，只有要求没有帮助，只有目标没有指导，只有分数没有兴趣，只有统一没有个性，只有惩罚没有平等，心与心之间怎能没有鸿沟？教育者只能高高竖起尊严，被教育者只能卑微地匍匐在尘埃里，让心灵变得愈加猥琐吗？

教育需要平等，心灵的平等。只有如此，心灵才能互动与融合。

教育的平等则需要爱，发乎于心的真爱与大爱。“我们要像对待荷叶上的露珠一样，小心翼翼地保护学生的心灵”（苏霍姆林斯基）。

许多年前，曾经教过一个学生，整日郁郁寡欢，几乎不与人交流，看得出他内心有无法言说的痛苦。

与之聊天，他极不情愿。

只好先默默地关注，课堂上投放在他身上的目光比其他学生多了很多。

有时，在校园遇到，与他静静地走上一小段路，彼此不语。

悄悄打电话给他父母，他父母说，这孩子就这样，神经！不要管他。

一天晚上，月朗星稀，柔柔的月光平铺在地上，很静很美。我把他从教室里叫出来，面对着幽美的夜空，问他，美不美？

谁知，他呆呆地看着天上，很久才说，老师，这孤星伴月，你觉得美吗？

我这才发现，寥廓的夜空中确实只有一颗星，陪伴在一弯新月的旁边。

此时，我感受到这个孩子心中深深的孤独！

那夜，他慢慢和我聊起来，我一直听。晚自习结束的铃声响了，宿舍就寝的铃声也响了，生活老师找来了……我仍在听他说。子夜，他终于讲完了。

我了解到，前段时间，一个偶然的机会，他被抱养的身世让他知道了，联系到现在的父母对自己的漠视，一种生命的孤独和恐惧让他无法自拔。自卑，忧虑，无助，无望，让他不愿与任何人交流。

他说："老师，你每天的眼光让我感到了温暖。"

他说："老师，以后我可以找你说说话吗？不是学习的事情？"

人世间有一种距离最遥远，是心与心的距离。

天地间有一种沟通最暖人，是心与心的交融。

师生认知的误区，心理的不同步，都是心心交流的障碍所致。教育应承担起打通心灵之路的责任。孩子的心智如同慢慢生长的幼苗，常常有风雨来袭，教育应第一时间去扶持，呵护。

真正的教育应触及人的灵魂，引发灵魂深处的律动。

我们呼唤直达心灵的教育。

（2016 年 12 月 5 日）

教育的前提是接纳，然后才是因势塑造

看了一段关于家庭教育的论述，很有启发。先与大家分享。

教育孩子，首先是接纳孩子本来的样子，信任、鼓励和欣赏你的孩子，尽量多地去了解他，理解他，倾听他的想法。

教育一定要选适合自己孩子的方法，而不能按照家长的标准去塑造孩子，尤其不能以成绩的好坏来评价孩子。举个例子，假如你的孩子天生就是慢性子，那么他会形成适合自己生命发展的节奏，一些优秀的特质也将从这个节奏上发展而来，比如沉稳、专注、冷静等。你觉得慢不如快好，恐惧“慢”会使孩子落后，无法适应这个快节奏的社会，不断地催促他，改变他，甚至责骂他。你认为这样是在教育孩子，但实际上这只是在干扰和破坏孩子的成长，甚至会摧毁孩子的自信。所以，家长一定要具备自省能力，要经常反思自己的教育方法是否恰当，是否适合孩子各阶段精神和思想成长的需要。

如果自己的教育出了问题，一定要停下来及时调整，尤其要多学习。记住，教育错了的儿童比未受教育的儿童离智慧更远。父母应把盯在孩子身上的目光拉回来，反观自己的言行，认识自己的观念、态度及局限。

尽量使自己变得成熟和冷静，使自己的教育方式更加适合孩子的天性发展，进而逐渐具备能够正确行使教育权利的能力。

以上文字论述的观点，归纳起来可以概括为：（1）教育的前提是接纳，然后才是因势利导地去塑造；（2）每个人都有与生俱来的特质，有的特质无所谓好与坏，不存在固定的优劣标准，教育的任务应是发展特质；（3）世界是丰富的，人的天性也是丰富的，以一个标准施加教育无异于对天性的扼杀；（4）失去了个性，也就失去了特性，失去了自我，这将是教育最大的失败。

我想，这些观点不仅适合家庭教育，也同样适合学校教育。

而当下，无论是家庭教育还是学校教育，不尊重孩子个性的“一刀切”的教育方式太普遍了。家长天天拿自家的孩子与别人家的孩子比，比得孩子恐慌，自己焦虑；老师天天拿分数来衡量学生，让学生以为成长只需要分数，不需要其他。固然，这与教育的评价机制有关，但是，根深蒂固的陈旧的教育观、人才观应是痼疾难愈的根本原因。

前几天，给毕业班的学生上课，推荐了一篇席慕蓉的文章，文中有以下这样几段话，也能引发我们对教育的思考。

> 从小到大，我们一直在被分类，被别人也被自己分类。分类的结果使我们终于要走到一条比一条狭窄的路上去，进入一个越来越封闭的世界，到最后，我们被迫与所有喜欢过的，或者还来不及去喜欢的事物分离。回头看过去，来时的路上竟然一片幽暗，要到了那一刻才能明白自己的孤单。
>
> 我一直认为，假如学画画只是为了一种乐趣，并不是为了要画得特别好，假如学写字的人不一定急着要在年轻的时候就自成一家，假如做学问的人不一定急着要变成权威，假如周围的人能够不那样急着将我们分类，假如这个社会能够容许我们自由和从容地成长，那么，生命将会有一种多么美丽的面貌啊！

当然，我们仍然会往前走去，在人生的长路上，我们仍然有一份坚持和盼望，在遥远的前方以光与方向指引着，可是，我们同时也能看见，在路的两旁，有多少扇门，在等待着我们去从容开启，门后有多少烟云缥缈的小径，在等待着我们去从容探寻，在路的两旁啊，有一处怎样丰饶与美丽的园林！

请注意这几段文字中的两个要义：一是人的成长如果不被分类、不为功利所制，生命的面貌将会是无限的美丽；二是人的自由发展并非无节制地旁逸斜出，人生路上应有一份坚持和盼望在遥远的前方以光与方向指引着。

丰富的选择并不影响“光”与“方向”的指引。

可惜的是，很多时候我们的教育将孩子的选择无限挤压，让他们在一个狭小的缝隙中佝偻前行。

有时我想，教育者是不是也要向雕塑家学习，拿到一块雕塑的材料，不是想当然地去挥刀，而是首先去观察材料的特征，因势象形，然后再去雕琢。真正的大师手中的作品各具情态，但是都有一个共同的特点：美！

正是不同的美，组成了这个丰富的世界！

（2017 年 11 月 24 日）

“一松两减”之后的“倍增计划”

2018 年初，东华初中在管理中提出“一松两减”的调整思路，引起社会和家长的广泛关注。

“一松”是指在学习时间上为学生松绑。“两减”是指减少学生的作业量和减轻学生的成绩压力。

其实，“一松两减”算不上改革，只是“回归本位”式的管理规范。因为，有些要求学校早已有之，只是个别年级在执行过程中有些走样。

稍微有些大胆的举措是，初一年级周末取消重复训练式的书面作业，改为开放式、体验类、多样化的阅读和实践型的作业，而此举让有些家长担心孩子的成绩会下降。

如果说“一松两减”是学校在管理中做的“减法”，那么，与之配套的则是东华管理更高层次的“倍增计划”。

1. 增加学生周末宽领域、大阅读的时间

阅读的范围包括文学、历史、天文、地理、科技、外文等，无所不及。一个标准，即读有价值的好书、好文章。

各学科制订三年六个学期的系统读书计划，每周有读书任务，每个月有读书交流分享，每学期有读书成果检测。教师要对学生进行读书方法的指导和读书效果的跟进。学生要学会批注式阅读、感悟式阅读、分享式阅读。

通过周末大阅读，开阔学生的视野，增加学生的积淀，丰盈学生的内心。

2. 增加学生周末体验式、实践类的活动

周末提倡学生走出家门，接触社会，融入自然。

去社区开展专题调研，写出考察报告；与同学合作完成体验项目，交流实践感受；基于自己兴趣爱好，专项提升；与父母一起郊游，谈心交流，等等。

学校和家庭密切配合，每周有规划和主题。通过“微德育活动”“微调研课题”“微实践项目”等不断提高学生的综合素养、实践能力以及开拓意识。同时，增加“亲子活动”的时间，让孩子得到父母更多的关爱。

3. 增加学生校本课程的选修项目和形式

在原有校本课程的基础上，进一步开发新项目、新形式，特别是创新类的科技课程。

学校“学生发展中心”全面规划和布局，增加老师研发和开设的时间，增加学生选修和实操的项目，增加学校指导和反馈的力度。校本课程对学生全面开放，学生必须全员参与，逐步实现普及化、个性化、体系化和创新化。

4. 加大高效课堂、生态课堂和智慧课堂的研发力度

“一松两减”给学生提供了校内更多自由活动的时间，学校明确提出，将以此倒逼教师进一步提高课堂教学的效率。

经过多年探索与实践，东华初中的“高效课堂”“生态课堂”模式已渐成体系，在此基础上，学校从去年开始又引入了“智慧课堂”——平板进课堂，课堂在翻转，互动更充分，反馈更及时。所有这些都为打造东华课堂的“升级版”提供了必要的保障。接下来，学校将进一步加大尊重学生认知规律、基于学生为主体的“新型课堂”的研究力度，让东华的课堂教学高效率、高质量、高乐趣。

5. 加强学生的“心育”，促进学生“精神的成长”

去年，学校成立了“心理健康教育和家庭教育指导中心”，将德育工作的重心转移到“心育”方面。

教育对于学生来说有三大任务：一是知识的获取和学业的进步，二是能力的形成与素质的提升，三是内心的丰富与精神的成长。其中，“内心的丰富与精神的成长”是核心，因为这一点关乎孩子的人生观和价值观，关乎孩子一生的发展。

加强对学生精神的培育，使之具备东华学子“善美之德、达观之心、坚毅之力、多元之才、创新之思、追梦之志”的特质，是今后“心育”的重任。

学校在加强心理健康教育的同时，开始向家庭教育辐射。本学期开始，家长每周在接送孩子的时候，都会在学校听到专业心理老师的讲座，以案例分析为主，真切，朴实，不务虚，接地气。

教育是一个系统工程，必须由学校、家庭和社会共同承担。家庭是“港湾”，父母应给孩子输送源源不断的爱的力量；学校是“渡船”，应引渡每一个孩子去梦想的彼岸，在此期间要教会孩子泅渡的本领；社会是“大海”，可以有风浪，但应少一些污浊。

教育的内涵很丰富，不应局限于偏狭的一隅。教育的外延很宽广，应当给孩子更多的见识与体验。

东华教育一直在追寻教育的本真，不断加大自我的担当。“一松两减”与“倍增计划”是学校新时期管理的两翼，“振翅”之后学校将会呈现这样的面貌——管理更加规范，校园更加和谐，课堂更加高效，教育更加入心，学生更加幸福，发展更加全面。

东华的管理在做“减法”，也一直在做“加法”。

（2018 年 4 月 21 日）

三种人不适宜做老师

儒家讲“天地君亲师”，即敬天法地、忠君爱国、孝亲顺长、尊师重教。这些思想已经植入国人文化的血脉之中，成为基因。将“师”放在与黄天、厚土、君上、父母同等参拜的位置，可见中华民族自古以来对老师身份的尊重。

基于此，老师不是什么人都可以做的。

有三种人不适宜做老师。

1. 有品格缺陷的人

北京大学钱理群教授曾经说过，我们的大学正在培养一批“精致的利己主义者”，他们智商高，但是世俗，老道，自私，善于表演，为达到个人目的不择手段。这些人在品德和格局方面存在重大缺陷，一旦成为老师，会将学生引入歧途，并对国家、民族的未来产生严重损害。小而言之，是误人子弟；大而言之，是误国误民。

教师有三种品格必不可少：忠诚，感恩，包容——对事业忠诚，对所获感恩，对学生包容。这是决定学生人格发展的基点。正人先正己，一个人在走上教育岗位之前，品格必须过关，并将品格修养作为自己从教生涯的必修课。

2. 缺乏爱心的人

教育是充满爱的事业。一个冷漠的教育者带给学生的是寒冬而不是春天，没有春天的教育又怎会有花儿的盛开和果实的成熟。

爱，是教育最高的专业。有些老师并不懂得爱，也不会爱，更不明白爱的艺术。

我们借用中医的“望闻问切”来谈教育之爱。

每天清晨来到教室，“望”一望每一个学生，你是否能洞察孩子的心情是晴天还是阴天？

多去倾听学生的声音，你是否能从中“闻”到需要你关注或者帮助的地方？

经常去“问”一问学生，与他们交谈，你是否能发现他们内心的所需、所求？

定期对学生的学习、生活、内心、性格、发展等进行“把脉”（“切”），你能否提出科学的矫治方子？

这些都是爱的艺术，直通教育的真谛。

教育途径万千条，终归一条是关爱。

3. “物质化”的人

“物质化”的人是指将物质作为唯一追求的人，这样的人没有精神追求，他们心中只有物质。

教育是立足于精神世界的事业，如果教师的精神世界全被物质填满，如同坚硬的石块，教育就无从谈起。

教师“精神的物质化”源自“物欲”和“私欲”的过度膨胀。不加节制的攀比让自己的内心无法宁静，然后把教育作为物质追求的手段，教育也就沦陷到可怕的境地。

学生的心灵需要在静美中成长，品格需要在纯美中形成，一切的浮躁、功利都不是教育。

教育，终究是要讲精神的。

（2018 年 4 月 26 日）

现在不在，未来已来

一个急剧变革的时代到来了！

人工智能与生物基因研究的发展加速了这个剧变。社会结构在变，行业模式在变，全球化和智能化冲击着人的思维方式，人的认知底线被一次次刷新，思维世界被不断颠覆。未来已来！

教育从来都是时代之轴上的感应器，是链接过去、现在与未来的纽带。不管你愿意还是不愿意，发现还是没发现，教育也在变！

一、教育进入大信息、大数据时代

借助网络，广采信息，分析数据，整合归纳，不拘泥教材，不囿于课堂。教师不但要通古今，还应知未来；不单有一支粉笔，更有互联贯通的多媒体。师生在教育的循环体系中既是信息的接受源，也是信息的发射源。在北欧，许多瑞典和芬兰公民在手掌中植入一枚芯片，其大小不超过米粒，以监测他们的健康状况，解锁手机、门、乘坐地铁巴士、控制智能电器等，并且可以通过触摸彼此的芯片手指来交换个人 Facebook 或 Twitter 等社交信息。信息时代的教育将识记类的知识逐渐弱化，代之以大容量知识的微“芯”植入。未来教育将是教师与人工智能教师协同共存的时代，是打通世界信息共享的即时与速度化教育的时代。

二、教育进入创新思维的时代

思维方式比知识更重要。发现力、想象力、洞察力、批判力、辩证力、协作力、创新力与领导力是思维方式培育的重心。

知识爆炸会让老师变得“无知”，未来很少会有“知识渊博”的人，但却会出现“超级思维”的人。超级思维会以几何速度接纳并整合新知识，形成新能力。思维方式的培育应是教育转型升级的必然。谁拥有了“新思维”和“超思维”，谁就会拥有未来。未来教育不是标准化而应是个性化与订制化的教育。

三、教育进入育心融情的时代

智能发展的背景下很多传统行业行将消失，教育虽具有不可替代性，但其功能却发生着质的变化。加速度的发展模式下教育要让学生的灵魂与精神跟上，因此，育心融情让学生精神获得成长是教育的职责必须，使命使然。育人的关键是育心，育心的关键是融情。智能化时代的人过分倚重于智能媒介，缺失的是“入心”，未来教育不能让人际之间进入情感“冰封期”，而应迈入更高层次的心灵的互联互通。

四、教育进入内心觉醒的时代

唤醒学生的内心世界，从心智到品格，从视野到梦想，从人生到生命。教育本应是植根于人的内心的艺术，需要对生命的看护与唤醒。心灵的未知领域需要教育去探索。

拥抱未来，无需恐惧。

教师絮语

初心

有个虔诚的信徒来到上帝面前，请求传授真理。上帝说："我的朋友，今天天气很热，你先给我拿一杯水来吧。"信徒于是就去敲附近一家人的门乞水。门开了，一位妙龄女郎走了出来。于是他们一见钟情，不久，就结婚了，还生了好几个孩子。有一天，天下大雨，洪水泛滥，房舍倒塌，信徒紧紧抓着他的妻子，拉着他的孩子，眼看就要被大水冲走，禁不住大声叫道："上帝啊，救救我吧！"这时，上帝的声音传来："我要的那杯水呢？"

很多人行走在人生的路上，常常忘了自己的初心，忘了自己从什么地方来，要到什么地方去。

为官者，本来是要为民做主，坚持法度，造福百姓，弘扬公平正义。但有些为官者最后却成了"禄蠹"，贪赃枉法，迷失本心。

经商者，本来是要公平买卖，促进流通，繁荣经济，合理取利。但有些经商者到头来却成了非法逐利的"奸商"，更有甚者，铤而走险，制假卖假，买空卖空，危害百姓。

教育者，本来是教书育人，传道解惑，引人向善，教人求真。但是，却总有少数教师受利益驱动，忘记为师为范之本职，消极沉沦，不思进取，贪图钱财，学术荒废，最终沦为混迹于杏坛的伪教师。

三百六十行，行行有行规；世间千条路，路路有作为。初心正，贵坚持。

唐僧取经，多少诱惑，几多磨难，正是秉持矢志不渝的初心，方得真经正果。

曹雪芹写《红楼梦》，披阅十载，增删五次，字字看来皆是血，十年辛苦不寻常。

陶行知一生投身于平民教育，捧着一颗心来，不带半根草去。“千教万教，教人求真；千学万学，学做真人”是他留给后人的恒久信条。

在这个充满诱惑的时代，有太多的岔路口。每个岔路口都有一个让你重新选择的理由。人的一生并非不能拥有再次选择的机会，问题是太多眼花缭乱的幻象很容易让人忘记初心，不知道自己身在何处——我是谁？谁是我？我到哪里去？哪里是我要去的地方？殊不知，人生苦短，往往在迷惘的“天问”中岁月渐逝，以致到头来要么两手空空，要么误入泥潭。而那些苦心励志、执着前行者，却真的容易完成自己的本初之意。

苏格拉底关于“选择”的故事，很多人都知道。几个学生问苏格拉底，人生的真谛是什么？苏格拉底把他们带到一片果林旁，树上挂满了沉甸甸的果子。苏格拉底说：“你们从果林的这头走到那头，每人选一颗自己认为最好的果子，不许走回头路。要想好自己的初心是什么，选择只有一次。”学生们走进果林，开始选择。有的学生开始就发现了一个很大的果子，但是，他还想找一个更大的，走到果林尽头，才发现最初看到的果子是最好的。有的学生没有一个果子能够入眼，最后一无所获。还有的学生摘了一个不满意，扔掉后又去摘一个。有的学生甚至偷偷摘了几个。老师苏格拉底在果林的另一端等着他们。有的学生摘到了自己喜欢的果子，很幸福；有的学生什么也没有选择到，很沮丧；还有的学生因为违规被老师取消选择的资格。“老师，让我们再选择一次吧？”有的学生请求着。苏格拉底坚定地摇摇头说：

“孩子们，人生就是如此！”

人生的真谛是什么？是对真诚的初心的坚持。

不忘初心，幸福就在前方。

（2015 年 11 月 24 日）

今天，我们需要什么样的老师

时代发展到今天，我们到底需要什么样的教育，需要什么样的老师。

马云在首届世界智能大会上对教育开始发声。他认为，进入互联网时代，几十年之后教师将面临重新洗牌。教和育是两回事，“教”的工作很多可以用电脑替代，而“育”则应走向更加深远的领域。社会需要重新认定、思考我们现行的教育方式、目的和理念。

新的时代，教育需要有情怀、有信仰、有幸福感、有追求的老师。

“有情怀”的关键是，真爱、激励和同行。

爱学生是老师最美的师德，师爱应高于父爱和母爱，是一种包容性的无私大爱，它基于相信每一个孩子都是可塑之才的原则。班主任在交流经验时，会谈到很多治班方略，也有人将班级管理的方法称为班主任“兵法”，我不认可。带班又不是打仗，用“兵法”这样冷冰冰的词不合适。有一个刚入职不久的年轻教师，也许从老教师那里得到“真传”，带班开始就给学生一系列下马威，常常发雷霆之怒，让学生心惊胆战。他认为，不如此镇不住学生，以后会翻天的。谁知一个月下来，要求转学的学生很多。

成长中的孩子需要真爱，需要激励，更需要陪伴与同行，任何关键时期的缺位都是教育的过失，甚至是对孩子一生的伤害。

“有信仰”指的是对教育的坚信和坚守。

不把教育仅仅当作养家糊口的职业，而是像信徒那样在内心深处将教育作为一种信仰去追求。信仰每个孩子都是独一无二的可塑之才；信仰教育的力量可以改变人的灵魂，改变这个社会；信仰教育可以改变自己，让自己的内心得到真正而永恒的愉悦。

“有幸福感”是老师在灵魂深处有一种真实存在的职业幸福感。

日本社会学家千右保曾在一些国家做过一项调查，调查的问题是，假如你有足够的金钱和财富任你不用辛苦工作便可享受生活，你是选择辛苦工作还是享受生活？20 年前的调查结果统计显示，绝大多数的人选择继续工作，放弃一味地享乐。20 年后的今天用同样的问题去调查，令他惊讶的是，选择享受的人数大幅度递增，愿意去吃苦的人在明显减少。尤其是中国人，渴望不劳而获的“玩派”人士竟然达到 40% 以上。先不去过分怀疑调查样本的多少和可信度，但是，这一趋势的存在足以引起我们的警觉。“享乐主义”的危险在于人们对幸福内涵的错误认知。物质的追求欲望越强烈，牢骚越多，幸福感越低。人是物质的，更是精神的！有幸福感的教师才能保证学生的幸福，有幸福感的教师才能带来教育的创造。因此，时代呼唤有正确幸福观的老师。

“有追求”就是要有基于教育远方和高点的定位，并不断地实现人生一次又一次的艰难蜕变。

北美洲有一种最美的大型蝴蝶，名叫帝王蝶，因为它长着一对长达几十厘米的翅膀，这翅膀大得与它的身体不成比例，双翅上的色彩更是绚丽无比，让人叹为观止。但是，知道这种美丽的生物在破茧化蝶的过程中要付出多大的代价吗？据说，在破茧的过程中，帝王蝶要经历生与死的考验。因为，这种蝴蝶的翅膀巨大，而茧上供帝王蝶钻出的缝隙又十分狭小，那娇嫩的身躯必须拼尽全力才可以破茧而出。这就对蝴蝶的生命构成了很大的威胁。太多的帝王蝶幼虫在往外冲杀的时候力竭身亡，不幸成了“飞翔”这个词的殉葬品。也正因为如此，当有人看见帝王蝶正在奋力地破茧时，便心生怜悯，想要帮助这些柔弱的小生命，便去剪大蝴蝶钻出的缝隙，大得足以让它们从容地通过，以为这样可以使帝王蝶更加省力地破茧化蝶。的确，蝴蝶很快地出来了，但是它们却没有像人们期望的那样张开巨大的翅膀飞翔，而是一直在地上爬行。原来，帝王蝶只有破茧之时在小缝里奋力挣扎，声嘶力竭地让自己钻出来的一瞬间，经过了茧上那个狭小的空隙对自己身体的挤压，才能把养分输送到翅膀的末端，也只有通过这种挤压才能使两翼充血，锤炼出一双令其在碧空中自由飞翔的翅膀。

其实，人不也是一样吗？不经过足够的历练，怎能会有成功？仅凭他人的力量不去自我努力，就会像那些破茧时没有经过挤压的帝王蝶一样，终生只能背负着一双沉重的翅膀在地面上爬行。

不畏磨砺，敢于追求，是任何一个人成长过程中需要的重要品质。

与老师们聊天时发现，并不是所有人都愿意做老师。并非仅仅因为老师工作之辛苦，更多原因是辛苦付出后不被学校和家长认可的心理落差以及因快速的时代变革催生的学生成长中的新问题给他们带来的职业压力。

班上来了一个学困生，或者是调皮的后进生（为避免对“差生”的歧视，学校常常称之为“学困生”或者“后进生”），老师肯定要投入更多的精力。但是，还没等这个学生成绩赶上来（有的学生即使努力成绩也很难优秀），或者好的行为习惯还没有养成（有的学生天性顽皮，少年不羁），学校的评价机制已经给这个班级定性为“差班”，老师也与“优秀”无缘。

班级事务中，老师正常的管理有时也会遭到某些自称懂教育的家长无端的指责甚至投诉，殊不知，有些指手画脚的言论要么乱了老师的方寸，要么让老师在学生面前失去威信，从而让教育效果大打折扣。把学生身上所有的问题都归咎于老师的心理是不客观和不明智的。教育受多种因素制约，老师不是圣人。正确的做法是，发现问题，家长和老师积极沟通，彼此尊重，寻求最佳的教育路径。

物质的极其丰富和互联网海量信息的传播，让现在的很多孩子如同吃了激素一般身心剧变。青春期的孩子成长过程中出现的心理问题以及由此衍生出的家庭和社会问题越来越多，加之家长对教育越来越高的要求，社会对教育不容有失的苛责以及教育体制本身存在的弊端，如同一块块巨石压在教育者身上，让教师倍感压力。

因某一学生的个例动辄给老师“贴标签”的管理与评价是短视的。

自以为是地指责，甚至是无端地指责老师的言行是不可取的。

新时代的教育需要新时代的思维，教师不但要懂教育，更要懂人，懂心；不但要遵循规律，还要放眼未来，放眼世界，为孩子的终身发展负责。不去实现自我更新，只会吃老本，一味因循守旧，学生不喜欢，家长不满意，这样的老师必然身心疲惫，最终被社会淘汰。

新时代的老师应具备五种能力，即发现力、共情力、聚心力、感染力和创新力。

1. 发现力

每一个孩子都是一个独特的存在，教育因太多的同质化、功利化而湮没了孩子太多的特质。老师的眼睛应如烛炬，照亮每一个角落的孩子和孩子心灵的每一个角落。

近来，泰国的一个小视频《教师的心》在微信圈被疯狂转发，感动了无数的人。小超，一个自闭症孩子，被人嘲笑为“笨蛋”，如同有一道无形的墙将他与这个世界隔离。父母离异，极度缺乏关爱，冷漠的世界，他尝尽孤独。是老师，他的班主任发现了他的独特之处——极强的数字记忆能力，同时，又用无尽的爱敲开了他幽暗的心门。小超没有在孤独的世界中消失，而是像健康的孩子那样拥有了自己的未来，后来他成了一名特教老师，是老师的发现力和爱的心力拯救了他。

2. 共情力

共情，即共鸣。就教师来说，共情力就是教师深入学生的内心，从学生的角度去体验和感知学生的内部和外部世界的能力。

我们常常说老师要有爱，没有爱就没有教育。但是，仅有爱是不够的，教师还要有共情力。共情涵盖所有的爱，同时它又是打破师生心灵藩篱的必由之路。只有爱没有共情，爱可能是单向的付出，而共情则可以让爱实现交融。

一个初三的女孩子，妈妈为了缓解她的压力，给她买了一只小兔子。她对这只兔子特别喜欢，每天晚上放学回来都要搂在怀里抚摸一会儿。有一天，小兔子莫名其妙地死去了，女孩子特别伤心，眼泪一直在流，怎么劝也不行。爸爸想发火，可是妈妈却制止了爸爸。妈妈坐在女儿身边，给她擦拭着眼泪，对她说：“小兔子没了，妈妈知道你很难过，我们也一样，舍不得这只可爱的小兔子。”女儿在妈妈的安抚下渐渐缓和了情绪，并且和妈妈一起安葬了小兔子。

如果妈妈也像爸爸那样对着哭泣不止的女儿发一通火，会是怎样的情形？女儿将怎样走出悲伤？

曾经看到一个女生上课时间在教室外哭泣着给家长打电话，问其原因，是因周末没有完成作业，老师让通知家长。我问她不做作业的原因，她告诉我，这段时间失眠，周末情绪很低落，没有心情做作业。她特别委屈地告诉我，让她最伤心的不是老师批评她，而是老师不相信她。如何用心去感知每一个孩子，关注每一个孩子的内心世界？老师需要有共情力。

3. 聚心力

老师是学生的圆心，学生是组成圆上的点，使每一个点都向着圆心而不游离的关键，是老师的聚心力。

老师的聚心力，是一种潜在的吸引力和感召力，包括聚思、聚意、聚情、聚志。心不聚，班级便是沙漠；心若聚，班级便是乐园。

聚心力的形成是从班级创建的第一时间开始的。

第一时间记住每一个学生的名字，让他们知道自己在老师心中有重要的一席之地。

第一时间和每一个学生用微笑交流，让他们感受到老师心中传递的温暖。

第一时间走进学生的心中，让他们的内心世界主动向老师打开。

第一时间让学生感受到老师对他们的尊重，及时回应他们的每一句问话。

第一时间在学生遇到困难时给予引导、鼓励和帮助，绝不推脱和漠视。

第一时间建立“家班级”的观念，让每一个学生心有所属，情有所依。

第一时间确定师生共有的“班级梦”，让“梦”成为班级的灵魂。

第一时间把老师的带班思想和管理理念传递给每一个学生，让思想凝聚，文化引领。

……

4. 感染力

古板式、学究式、照本宣科式的老师是不被学生欢迎的。师生之间必须打破因缺乏理解和沟通而产生的任何隔膜，以思想、情感和行动去感染学生。

老师应是充满气场的，这个气场足以感化每一个学生。

老师应是可以发射“电磁波”的，这个“电磁波”足以让学生每一个细胞感知和接纳。

老师应是多才多艺的，学生因崇拜而追随。

老师应是灵动的，从思想到灵魂，从方法到艺术，从而感染学生。

5. 创新力

一个视野不能触及时代发展前沿的老师怎能教出创新型的学生？我们呼唤老师的创新力，因为这是教育的使命使然。学生的创新力来自教师创新意识的激发和点燃。

你能想象中小学生亲手设计的卫星真的可以上天吗？这确实是真切的消息。

权威人士透露，2017 年 8 月 16 日，首颗由全国中小学生共同创意、设计并动手组装的立方体卫星“少年星”，已由酒泉卫星发射中心搭载长征二号运载火箭进入太空，并将按照教育共享卫星的模式，直接提供给全国中小学校用于航天与太空特色的 STEAM 教育（集科学、技术、工程、艺术、数学等多学科融合的综合教育，下同）。而参与设计和组装这颗“少年星”的学生中就有来自东华初级中学的胡政和夏闻天。

中国科学院研究院、北斗导航系统科学家徐颖说，是什么能够撑起一个民族的脊梁？当然是科技，而且毋庸置疑，只有科技。而要想持续性地发展科技，那就要从小培养孩子们的科学兴趣、科学素养和创新精神。中国少年微星计划提出“航天与太空 +STEAM 教育”的新思维，最重要的不是在技术上教会孩子们做卫星，而是引导他们把观察的视角由地面提升到太空，把思考的维度由个人和学校扩展到全人类，播下孩子们内心求知和探索的种子。

引导和唤醒学生的创新力是每一个老师不能推卸的责任。

教育对于今天，固然有着不可承受之重；但是，对于明天，则承载着大时代赋予的使命。

今天的教师，缺失的东西太多，所以需要拥有的东西也太多。有些缺失不能成为永远的缺憾，特别是在教育的精神层面，我们不能延迟或放弃。

（2017 年 8 月 18 日）

今天，如何做老师

——与年轻教师交流

先从这几日教育界比较热的一个词——“素养”谈起。

2018 年 9 月 13 日，教育部专项课题组在北京师范大学举行了中国学生发展核心素养研究成果发布会。历时三年的“中国学生发展核心素养”总体框架正式发布。

中国学生应具备哪些核心素养？概括起来，主要内容是：

一个核心——全面发展的人；

三个领域——文化基础、自主发展、社会参与；

六大素养——人文底蕴、科学精神、学会学习、健康生活、责任担当、实践创新；

十八个要点——人文积淀、人文情怀、审美情趣、理性思维、批判质疑、勇于探究、乐学善学、勤于反思、信息意识、珍爱生命、健全人格、自我管理、社会责任、国家认同、国际理解、劳动意识、问题解决、技术运用。

提高学生的核心素养是教师的教育职责与育人方向。

学生发展的核心素养已经确定，那么，中国教师应该具备哪些核心素养呢？教师的核心素养与学生应当具备的素养必须接轨。我们是否可以这样为教师的核心素养初步定位？

一个核心——全面育人；

三个领域——教育理念、教育方式、教育能力；

六大素养——前瞻的理念、高远的境界、渊博的学识、科学的方法、入心的沟通、高效的引领。

这就涉及一个问题：今天，我们应当如何做老师？

与大家分享我的五个观点。

1. 让学生全面发展，教师首先应是全面发展的人

先追问老师几个问题：你的知识体系是否完整？学识是否广博？综合素养是否宽厚？视野是否高远？情趣是否高雅？实践能力是否很强？人格是否有足够的魅力？

我知道，教师不是圣人和完人，但是，职业使然，要求老师必须向着“全面之人”去发展。

我做学生时曾有三位老师给我很深的印象。一位是几何课老师，他从不带教具，可在黑板上把几何图形画得精准、优美之极。他的课堂语言幽默风趣，赛过文学课、历史课，学生总是盼望着这位老师的课快点到来。另一位是物理课老师，课讲得精彩，还会做各种款式的衣服，堪称裁缝。他还会绘画、拉二胡、写作，甚至会给猪接生。他跳的华尔兹迷倒过无数的女生。特别是他和学生谈人生，能很快吹散人内心的阴霾。还有一位是古代文学课老师，他可以将《离骚》倒背如流，他讲《楚辞》从不看书，他讲杜甫的《茅屋为秋风所破歌》可以把全班学生讲哭。尤其让我感念的是，这几位老师对我人格的浸润、情趣的形成以及对人生的思考等方面带来的教益。

做一个老师不易，做一个博闻多识的好老师尤其不易。

2. 今天和明天的教育，绝不是昨天教育的重复

这是一个知识快速更新、信息飞速传递、创新不可阻挡、权威很难存在的时代。教育中的老问题还没有得到彻底解决，更多的新问题已全然摆在我们面前。学生已不是昨天的学生，家长也不是过去的家长，时代要求老师必须革新教育理念，改变教育方式，提升教育能力。

“核心素养”中的十八个要点如何落实？这不是教材可以解

决的。理念不应停留在口中，而应践行在脚下。人文、审美、理性、批判、探究、信息、人格、责任、认同、理解等关键词都是昨天的教育中没有而今天的教育中必须有的。

只有跟得上时代，我们的教育才不会落伍，我们才称得上这个时代真正的老师。

3. 愿景与现实之间有很长的一段距离，你必须跨越

每个人对工作和生活都心存美好的愿景，但是，这个世界不存在完美。

不要看到愿景与现实存在落差的时候就颓废，让自己的热情长久保持的唯一方式就是修炼心性，凝聚心志。

埋下头，弯下腰，一步步向前走。也许你的辛勤工作还未得到学生的认可；也许在你工作疲惫之余得到的不是家长的肯定，而是误解与指责；也许你的付出与收获暂时不成正比；也许你有很多的委屈却无人听你倾诉。此时，你必须告诉自己，这是你成长路上的一个“黑洞”，跨越它，你将实现“穿越”，涅槃重生；跨不过，你将迷失自我。请记住，通往“天堂”途中有一段路叫“炼狱”，就是为了修炼你，使你足够强大。

作为“业师”的修炼是提高教育的技能，作为“经师”的修炼是提高教育的高度和广度，作为“人师”的修炼是提高自身的品格，而作为“心师”的修炼则是净化和升华自己的灵魂。

忍得住，坚持下去，你就会无限接近美好；忍不住，轻言放弃，你则会与美的愿景无缘。

4. 要有爱、懂爱、会爱，要有大爱

请记住，爱是教育永恒的真谛，无他。

教师首先要“有爱”，缺乏“爱”的人，你不要选择教育，请尽早离开。

“有爱”还不够，还要“懂爱”，也就是要能读懂学生内心的需求。优秀的教师站在讲台上眼光一扫，便知每个学生的内心是欢喜还是忧伤。在与学生的眼神交流之中，老师要懂得学生眼中传递的信息密码。

“会爱”并非一味地表扬。有时批评也是一种“爱”，只不过批评需要的艺术更高。但是，打着育人的幌子，以严格要求为借口，伤害学生的自尊，体罚或者变相体罚学生，是绝对不允许的，那是触碰教育底线的行为，必须坚决杜绝。

“大爱”是老师发自内心的、为学生一生发展着想的爱，是超越“友爱”“母爱”等爱的“博大之爱”，是可以和国家、民族、未来相关联的“大责之爱”和“担当之爱”。

5. 相信自己的优秀，相信自己会在东华升华，相信自己会从优秀走向卓越

东华的年轻教师是站在一个很高的起点上前行的，你们的知识、热情、思维和创新力都是你们的师傅所不及的。

东华是一个熔炉，更是一个可以让你们纵横驰骋的希望之野，在这里，你的能力、情趣、素养都可以得到升华，只要你愿意。

师不必贤于弟子，弟子也不必不如师。有一天，你一定会超越你的师傅，让自己走向卓越。

做一个教师，先做一个教育的信徒吧，虔诚地奉上自己的赤诚之心。

别忘了，带上自己的快乐，向前走。

（2016 年 9 月 20 日）

开学“九句话”，说给亲爱的教师们

一、给新教师说的三句话

1. 有机会来到东华，是东华的幸运，也是你的幸运

东华感谢你的信任与选择，感谢你即将为东华做出的贡献。今后你的每一份付出，东华的学生、家长都会铭记。

你要感恩东华接纳了你，因为在你人生重要的关口，东华给了你一个工作、生活的平台，今后还将会给你更多的机会，让你可以尽情实现自身的价值。

请记住，善良、努力和优秀的人永远是幸运的，有感恩之心的人一定是内心美好、脚踏实地、甘于付出的人。

2. 你在观察东华，东华也在观察你

你初来乍到，也许正以拘谨、不安或者彷徨的眼神观察东华：这里是不是自己人生的“富饶园林”？有没有属于自己的“圣果”？这里到底是人生的驿站，还是值得自己托付终身的安身立命之地？

其实，东华也在观察你：你是不是东华需要的那个人？是不是值得东华的学生、家长信任？你是东华匆匆的过客还是东华永远的主人？

请相信，东华会包容你，帮助你，让你尽快融入这个大家庭。希望你把教育的使命真正担当起来，用自身的价值和教育的情怀让东华信任你，不让学生、家长失望。“你若不离不弃，我便生死相依！”

3. 在东华，你会遇见不一样的自己

今后，你会发现，东华给予你的绝不仅仅是辛苦。在这里，只要你愿意付出，你会拥有真正的幸福感、归属感。这里会有很多的教育故事，你会认识很多优秀的教育人物；这里是个大舞台，你会演绎属于自己的精彩。记住，你是站在南中国民办教育最大的平台上演绎你的人生的，你会成为不一样的自己。

请记住，你的第一份工作很重要，你的第一份业绩很重要，你要尽快拥有可以在东华立足的基石。在东华大发展之际你来到东华，在你人生最合适的时候来到东华，你一定可以大有作为！

二、给老教师说的三句话

1. 老教师有的，年轻老师没有；年轻老师有的，我们老教师也没有

不要嫌弃他们经验不足，不要讥笑他们做事忙乱，我们都是从青涩期过来的。年轻人是东华新的发展力量，知识新，思维活，有激情，敢创新。用欣赏的眼光看他们，你会发现他们身上有很多我们没有的东西。请多多关心他们，把他们当作自己的兄弟姐妹，你今天的帮扶会让他们铭记一生。

2. 你不可淡出教育的“江湖”，“江湖”应有你的“新传说”

东华会记住每一位老师曾经的贡献，但是，东华没有永远的功臣。老教师是东华的宝，东华需要你再立新功。你需要再次唤醒心中可能有些睡意的进取之志，让学生、家长和东华知道你威名依旧，传奇永续。虽然年轻人会崛起，但是你的“江湖地位”不可轻易被人动摇。

3. 别轻视自己，再努力一步，你就是“教育家”

多年的积累，已经让你对教育教学洞若观火，驾轻就熟。谁说你贫穷？丰厚的积淀就是你的财富！再让自己努力一步，你就是“教育家”。别把教育家看得太神秘，你和他只是咫尺之遥。

三、给管理者说的三句话

1. 把自己晾晒在全体老师面前，接受每一位老师的检验

用行动告诉老师，你可以和老师们同甘共苦，荣辱与共。不高高在上，不居功自傲，不纸上谈兵。要有高度的原则意识、自律意识、进取意识。带领一批人，信任一批人，团结一批人，培养一批人。

2. 正确定位自己，高标准要求自己

既做优秀老师，又做优秀干部；既做课堂教学的能手，又做学校管理的高手；既做团队的引路人，又做一线老师的知心人；既做道德的模范，又做管理的精英。不失忠诚之心，不违管理原则，勤勉做事，真诚做人。

3. 睁开双眼看世界，不落伍于教育的大时代

多学习，多反思，虚心向老师请教，向同行请教。海纳百川，兼容并蓄，让自己的管理思想和方法跟得上时代的发展。不做井底之蛙，不妄自尊大，不沾沾自喜于自己曾经的管理经验。不负花季学生，不负家长重托，不负东华，不负社会。“洞中一日，世上千年”，睁开双眼看世界，追上时代的列车，担负起东华大校的管理重任。

（2017 年 8 月 29 日）

不要忘记

——给年轻教师的八个忠告

2016 年 9 月 13 日晚，在刚落成的东华松山湖生态园校区举行了一个隆重而热烈的年轻教师“拜师会”。

新入职的年轻人向师傅行拜师礼，献花，集体宣誓。师傅发言，徒弟表态。系列程序之后，我对年轻教师提出了八个忠告，即八个“不要忘记”。

我告诉这些可爱的、充满朝气的年轻人：“讲台虽三尺，内有大乾坤。你们很优秀，可是，作为教师，还有很多东西要学习。这是个信息爆棚的时代，也是个容易让人‘遗忘’的时代，但是，有些东西永远不能忘记。”

1. 不要忘记“蹲马步”

练过武术的人都知道，“马步”是武术中最基本的桩步，“入门先站三年桩”。马步都蹲不稳，何谈武功？

做教师，同样需要苦练基本功。教师的基本功有很多，最重要的有三点：钻研教材、掌控课堂、读懂学生。

教材在手，你是否真正了解编写体系？哪些是重难点？如何切入内容？走进课堂，你如何吸引学生？如何让学生既吸纳知识又提高能力？从学生的眼神中你是否读懂了他们的所需所求？读懂了他们内心的喜悦与困惑？

2. 不要忘记“种树”

有人说，种一棵树，最好的时机是十年前，其次便是现在。

十年前，也许你还小，还不知道种树的意义。但是，今天，你必须开始去种树了。因为，你今天种下的树，十年后才会枝繁叶茂，你才可以去乘凉，它才能为你遮风挡雨。今天你不愿意或者忘记了为自己种下一棵树，十年后你将一无所有。对老教师而言，你错过了十年前种树的时机，请不要再失去现在的机会。

年轻人，今天开始为自己种下一棵棵“事业之树”吧，未来你会拥有一片森林。其实，在东华，你若用心种下一棵“教育之树”，精心培育，三年便可成才，五年即可成大树。

3. 不要忘记“充电”

最近，韩国三星公司陷入重大信任危机。不久前上市的三星旗舰手机 Note7 多次出现“爆炸”，罪魁祸首就是手机的电池。在韩国，三星董事长李健熙一“咳嗽”，整个韩国都会“感冒”，三星一直是韩国人眼中的“天下第一”，其产值已占韩国国内生产总值（GDP）的五分之一，承载着五千万韩国人的科技大梦。

但是，电池一直是三星手机的弱项，李健熙不去完善。今天，电池无法安全“充电”，三星 Note7 也就走下了自称“第一”的神坛。

任何时候都不要妄自尊大，更不要盲目地为自己“加冕”，要学会不断地修炼自己，提高自己，完善自己。人生如果不去“充电”，总有一天你会被这个社会抛弃。

4. 不要忘记“交心”

教育是“交心”的职业。“传道、授业、解惑”的前提是“交心”，不与你的学生心灵相通，你绝不是一个优秀的老师。

为师者可分为三个层次：业师、经师与人师。

“业师”，是从事某一专业研究，传授专业知识与技能的老师。

“经师”，是除传授专业知识与技能之外，还让学生对社会、人生、历史、人文等方面有系统领悟的老师。“经师”比“业师”要高出一个层次，“经师”要有社会责任感与历史使命感。

“人师”，是可以为人师表的育人之师。为“人师”者，资质弥高，职责重大，殊为不易。韩愈的“解惑”就是“人师”对学生的“正心”之行。“人师”应心志高洁，胸怀天下。

我认为，为师者在这三个层次的基础上还应有一个更高的境界，那就是“心师”，即学生的“灵魂之师”。走进学生的灵魂，植入可以影响学生心志的“基因”，让学生一生受益。

5. 不要忘记“自燃”

年轻人不要做无法点燃的“不可燃物质”，也不要做“被动点燃的物质”，要“自燃”，从内心的需求出发，“燃烧”自己，让自我追求成为一种习惯。

这个世界没有人会逼你提高，逼你进步，你不想上进，上天也拿你没办法。年轻人心中本来就有的那团进取之“火”要尽可能长久地保持，越长久你就会越优秀，“自燃”会助你从优秀走向卓越。

6. 不要忘记“正己”

老师这个职业需要高度的“自律”，需要像“圣徒”那样要求自己。因为，你的一言一行甚至你的一个眼神都时时影响着你的学生。

不正己，焉能为师。

上一个周日，我去植物园散步，穿得比较休闲。一个年轻的妈妈带着自己的两个孩子蹲在草地上看着什么。

我走近时，年轻妈妈叫住我：“帅哥，帮帮忙。”我心中一惊，“帅哥”？我有那么年轻吗？

我停下脚步，她说：“能不能帮我把草地上的这只昆虫踩死?”

我看到草坪上一只美丽的蝴蝶正在扇动着翅膀。

“那么漂亮的蝴蝶，为什么要踩死它？”我问她。

年轻的妈妈说：“我们在这里玩，我的两个宝宝害怕虫子，赶不走它，我也不敢踩。”

我做了一个双手合十的动作说：“对不起，我不杀生。”说完便走了。

那个周日，我一直心情不好。妈妈本来是孩子的第一任启蒙老师，可那个年轻的妈妈竟然当着两个纯真孩子的面要踩死那只美丽的蝴蝶，这在孩子的心中会埋下怎样的种子？在风景秀丽的植物园，自己的两个孩子与美丽的蝴蝶邂逅，不正是对孩子进行爱育、美育甚至生命教育的最佳契机吗？

由那位妈妈我想到了老师。

7. 不要忘记“初心”

我们从哪里来？要到哪里去？这是对“初心”的追问。

从你进入师范大学开始，你就应该坚定自己的职业追求。

我与很多人谈过我的观点，教师是一个幸福的职业，有哪一项工作每天与纯真、善良为伴？有哪一项工作因自己的一些价值给别人的一生带来影响？

当然，做老师是辛苦的。但是，辛苦之后收获的快乐却是名利、财富不能替代的。因为，老师收获的是世间最真的“心”。

前行的路上会有很多诱惑，这个世界会变换着不同的方式改变你的心志。大浪淘沙不可避免，但是，我真心希望所有的教师永远不忘“初心”。

8. 不要忘记“快乐”

记住，今夜，带上你的快乐出发。快乐，是我们任何时候都不能丢失的宝贝。

前方一定会有挫折、荆棘，你也一定会在某个地方跌倒、流泪，但是，站起来，走过去，前方定有鲜花等着你。

你快乐，你的学生就快乐，东华就快乐，这个世界就快乐！

无论你改变世界多少，还是这个世界改变你多少，都不要忘记——快乐前行！

（2016 年 9 月 14 日）

感动与分享

今晚，学校约50位新加盟东华的老师座谈，本意是想在中秋佳节到来之际，听听他们的心声，帮他们解决一些工作和生活中的实际困难。可是，这样一个原生态的生活交流会却开成了“感动分享会”。

虽然新入职的老师们畅谈一个多月来在东华工作的感受时无法避免“辛苦”二字，但是，学生给予他们的真切体验却让这些淳朴可爱的老师无法掩饰内心的感动。

一个个生动、鲜活的故事被分享着。

我想，用心、用情、用真去做老师，都会收获这样的故事。

马艳老师说，在东华，只要你用心去寻找，去发现，你就会拥有很多值得与大家分享的快乐。今天看到美丽的张春霞老师与学生一起做广播体操，如同看到了优美的舞蹈构成的一幅美景画。这样的美景画，只要用心，你每天都会发现。

张春霞老师则认为，自己在东华获得了前所未有的存在感，因为热爱，所以开心。她说，阳光与自信只有在艰苦环境中才能体现出来。

翟园老师说，当她的学生意外得知她的生日后，生日那天孩子们给了她一个难忘的记忆。几十个孩子一句整齐响亮的“生日快乐”，让她懂得这份真情的珍贵。她告诉自己，要学会永远以欣赏的眼光去看孩子。

甘海燕老师讲了一个宿舍扣分的故事。当某个孩子看到因自己的失误宿舍被扣分而内疚得流泪时，甘老师抱着这个孩子安慰他：一切都会好起来，不必难过。学生哭得伤心，老师也泪水涟涟。甘老师告诉自己，静待花开，所有的孩子都在成长。

杨勇老师说，老师已经成为自己生命中的一种无法割舍的职业，来东华找到了当初毕业时的感觉。特别是东华的孩子在校园见到老师时那深深的一鞠躬和一句“老师好”的问候，让自己感动不已。

林丽英老师说，她辛苦着，也在成长着。她累点没关系，只要她的学生棒棒的。

王宇飞老师告诉大家，班上的一个小男生发现他的声音有些沙哑，每天早上都会悄悄地给他的水杯装满水。当王宇飞老师说，有些学生可能暂时是蜗牛，有些学生已经是雄鹰，但是，他希望自己班上的每一个学生都拥有翱翔的梦想时，老师们的掌声表达了内心的共鸣。

劳静老师说，她每天都享受着学生的天真带来的感动，感动于家长的信任与祝福，感动于身边同事们的帮助。

徐少媚老师说，在东华，他们被学生感动的同时，也常常感动学生。刚刚来参加座谈会时，本来是要给一个学生举行一个小小的生日庆祝活动，但是，因时间不够，只好让全班同学为这个孩子唱了一首生日歌。没想到，这首歌竟让这个孩子泪流满面。

刘锐老师说，学生每天都在变化，观人知己，自己每天也都在变化，很有成就感。希望能带这个班三年，给他们，也给自己一个惊喜。

程其梅老师讲了一个身体残疾的孩子的故事。军训时，程老师让他出列休息，可是，这个坚强的孩子总是一次次要求归队，要求老师像要求其他同学那样要求自己。他让我们这个被学生亲昵地称为“程姐姐”的老师感动得眼泪哗哗直流。

黄文慧老师说，瞬间成了60个孩子的妈妈，瞬间激起了自己这个刚走出大学校门、还未结婚的女孩子的母爱，这让自己也很感动！

陈观连老师说，在“我的E家”级群中，每天都有很多故事，他每天都带着满满的感动在成长。

胡大伟老师讲了他班上一个非常善良、优秀的“护花使者”的故事，“护花使者”名叫邓飘雪。邓飘雪这个名字一下子勾起了我的记忆。

初一新生面试时，我的邮箱收到了一份署名邓飘雪的信件，信中写道：

> 校长你好，我叫邓飘雪。我从小学一年级开始一直努力学习和独立生活。我一直梦想到东华这样的学校上学，我成绩一直都很好。2014年我还参加了阳光网组织的东莞市小学英语口语比赛，获得了优胜奖。同时，还获得过学校颁发的“数学计算能手”“级部优秀生”的奖状。六年磨一刀，就是为了这一天。可惜因为父母的疏忽，我失去了面试机会。但我不想责怪父母，他们也不容易，每天忙于工作。现在我想，校长能否给我一个面试的机会，我一定不会让您失望。

当我回复这个女孩子，可以给她一次面试的机会时，她在邮件中回复我：

> 校长，谢谢您给我这次机会，我一定会好好把握。您知道吗？当我看到您的这封回信时，我非常激动，我此刻的心情就像一个人在沙漠中走了很久很久，干粮早已吃完，猛然看到了一片绿洲。如果我真的考上了东华，您就是我在起跑线上的领跑人。我希望考上公办班，这样的话，我既实现了我的梦想，又没有给家里增加任何负担。沈校长，是您让我懂得了，只有自己努力去争取才会有收获，就算没有收获，至少曾经争取过、付

出过，自己也就不会留下遗憾。校长，我们东华见！

面试后，果然这个孩子被我校正式录取，但是属民办收费范围。两天后，我的邮箱又一次收到了邓飘雪的信件：

校长，因为家庭经济原因，爸爸不同意我入读东华。这几天，我一直都不开心，妈妈又做不了爸爸的主，家里全靠爸爸挣钱养家。我知道爸爸辛苦，可是，校长，我真的想成为一名东华的学生。相信我，我一定会努力，成为一个更加出色的学生，不会让你失望的！我该怎么办？

后来的信中，邓飘雪又给我详细介绍了家庭的实际困难。我决定帮助这个孩子。我在邮件中告诉她，学校会给她提供奖学金，资助她完成东华的学业。几天后，邓飘雪给我发来了邮件：

校长，谢谢您！我与妈妈又和爸爸商量了。我爸爸同意了！非常感谢您！……

今天听到胡大伟老师讲起邓飘雪的事情，我想，有时间我要见一见这个在邮件中交往过的孩子。我要和老师们一起担负起让这个孩子快乐成长的责任！

今晚的感动分享，给了我很多的触动。老师们辛勤的付出，无怨无悔的选择，对学生的真爱，都让我深深地感到，东华的成功不是偶然的，是教师团队的卓越带来的必然。

我感动于焦婷婷老师深夜备课离开时楼梯门锁住不能出来的尴尬，我感动于杨刘凤老师初次做班主任所面临的身心的困境，我感动于王金艳老师年幼的孩子在幼儿园生病却无暇顾及的两难……

所有这些，都提醒我们，要好好珍惜这些优秀的老师。

（2015 年 9 月 25 日）

如何对待犯错误的孩子

成长的过程中，人都会犯错误。学生犯错误是正常的现象，学校是允许学生犯错误的地方。问题是，老师如何面对和处理犯错误的孩子。

这考验着老师的教育智慧。

先看一个案例。

> 大杰克和小杰克是孪生兄弟，14岁，在校学生。他们家离学校比较远，家长给他们配了一辆轻型汽车做交通工具，让他们开车上学。这兄弟俩由于贪玩，上学经常迟到，老师虽然多次批评，他们依然我行我素。这天上午考试，尽管老师事先警告他们不许迟到，但他们因在路上玩耍，还是迟到了30分钟。老师查问原因，他们撒谎说，汽车在路上爆胎，到维修店补胎耽误了时间。老师半信半疑，但没有发怒，让他们进教室后就悄悄到车库检查他们的汽车，发现四个轮子都蒙着厚厚的泥土，没有被拆卸的痕迹，很明显，补胎是他们编出来的谎话。

问题：假如你是杰克兄弟俩的老师，你会怎么处理？

联合国教科文组织邀请了十个国家的老师来进行问卷调查。

美国教师：幽他一默，对兄弟俩说："假设今天上午不是考试而是吃冰淇淋和热狗，你们的车就不会在路上爆胎了。"

英国教师：小事一件，置之不理。

俄罗斯教师：给兄弟俩讲一个关于说谎有害的故事，然后再问他们近来是否说过谎。

巴西教师：半年内不准他们在学校踢足球。

埃及教师：让他给真主写信，向真主叙述事情的真相。

日本教师：把兄弟俩分开询问，对坦白者给予赞扬奖励，对坚持谎言者严厉处罚。

韩国教师：把真相告诉家长和全体学生，请家长对孩子严加监督，让全班学生讨论，引以为戒。

新加坡教师：让他们自己打自己的嘴巴 10 下。

以色列教师：提出三个问题，让兄弟俩分别在两个地方同时回答。三个问题是：A. 你们的汽车爆的是哪个胎？B. 你们在哪个维修店补胎？C. 你们付了多少补胎费？

中国教师：使用三项措施：一是当面严肃批评，责令写出检查，并在全班学生面前检讨；二是取消他们当年参加各种评选先进的资格；三是通知家长。

你喜欢哪类处理方式呢？

最后，中国的教育方式被评为最不可取，以色列教师的教育方式被评为最佳。

当然，在对待犯错误的孩子的问题上有东西方文化的差异，并没有绝对的对错。但是，人性深处的东西是相通的。学生的错误大小不同，性质不同，处理的程度和方式也应不同，问题是处理方式的出发点是否正确，教育者的心态、眼光和智慧如何。

记得刚参加工作的第二年，班上经常有学生丢失东西，作为班主任的我决定“破案”。我先在班上宣布，偷东西的学生必须在规定的时间内向老师承认，否则，逾期不“自首”定将开除。限定时间已过，仍然没有人承认。血气方刚的我于是开始对班上学生逐一调查和审问。我清楚地记得当时全班学生惊恐的眼神。“案子”破了，我说到做到，通知家长到校，将这个学生领走了。

我也清楚地记得，家长当时羞愧的神态和那个学生无地自容的样子。当时，我一方面为自己的雷厉风行、快速破案而自得，另一方面，心中又有一些隐隐的不安。这件事过去好多年，我心中一直有个“结”。直到教过很多学生之后，直到自己对学生的内心世界了解更多更深之后，直到认识到教育需要等待、需要机会、需要信任之后，我才明白，当时对那个犯错误的学生的处理方式是多么愚蠢。

后来，又过了几年，班上又有一个女孩子犯了同样的错误，被班上其他学生检举到我这里。这次，我的心境完全不同。我在班上讲丢失东西这件事时，一个“偷”字都没使用，只是淡淡地说：“同学们，丢失的东西会回来的。我们这样优秀的班级怎么会丢东西呢？放心吧！”两天后，丢失的东西并没有回来。虽然我已经知晓是哪个女孩子，但是，我的心并不着急。我知道，这个孩子在经历一个自我嬗变的过程。有一天课后，在校园的甬道上，我和那个女学生正好相遇。在她低着头从我身边就要走过时，我说：“丫头，天冷了，你穿得太少。如果没带衣服，到我家拿一件吧，我女儿的衣服你肯定能穿。”说着，我将家里的钥匙拿出来给她。她抬起头，眼中出现了一丝湿润。拿着我放到她手中的钥匙，她犹豫片刻，然后定定地看着我，说：“老师，谢谢你！我现在不冷了，我知道该怎么做了。”后来，丢失的东西悄然回到失主的书桌上。一切似乎什么都没有发生。班级同学依然和谐如初。毕业时，在分别的那天下午，那个女孩子面对全班同学突然站起来说：“同学们，静一静，我有话要说。”她很自然地把目光扫向每一个同学，笑了笑，继续说：“其实，我不说大家也都知道，去年我们班丢失的那件东西是我偷的。呵呵，我现在终于说出来了，很轻松。不过，同学们，我依然不认为我是一个小偷。我当时只是鬼迷心窍吧。感谢老师！感谢同学们！是你们的宽容给了我自尊，给了我明辨是非的能力。”她说完，我们都笑了，我带头笑，然后全班笑。我想用“笑”来冲淡这个勇敢认错的孩子可能会有的小小尴尬，我想用“笑”让这个曾经犯错误的孩子知道，我们并没有记住她曾经的错，我们一直信任她！

毕业后，女孩子的父亲给我写了一封信。信中说：“老师，直到今天我才从女儿这里听到她身上发生的事情。感谢您，给了我的孩子矫正自己的机会。感谢您的宽容！”

育人工作是世界上最为精细的工作，只有走进孩子心中最隐秘的地方，老师才能成为真正的教育智者。犯错误的孩子毕竟是孩子，先尊重他们，再矫正他们。风雨来了，他们会迷路，老师要做的是用心为他们引路，而不是风雨天再施以雷霆。

忽然想到学生编的一个幽默的谜语：家长会（打一天气预报用语）。谜底：今夜暴风骤雨！

请给犯错误的孩子一方晴空，一份信任。

（2015 年 11 月 27 日）

谁来关心教师的心理问题

半年前，去北京参加一个教育论坛，与一位资深专家聊天，他告诉我一个数据：现在中小学教师群体中，存在一定心理问题的已超过三分之一。当时我不太相信，认为在当前竞争激烈的环境下，人人都会有一定的压力，可压力不代表心理出现了问题。

可是，一个电话改变了我的观点。

两周前的一个深夜，以前的一位同事给我打电话。他告诉我，最近一直失眠，心中烦躁，常常会发无名之火，记忆力极差，有严重的厌世心理。我问他原因，他说："你也是当老师的，你不感到累吗？"我说："累从何而来？"他说："从心中来。"他给我历数每天要面对的给他带来压力的人——学生、家长、同事、领导；每天要做的让他高度紧张的事——备课、上课、批改作业，辅导差生、考试、排名，开会、分析、反思，学生问题、家长投诉、领导批评。在我看来正常的工作都成了他的负担。最后他说，很少有人理解一线老师的痛苦，自己周围很多老师都有心理问题。

这个电话引发我的思考。我一直工作在老师们中间，但是，对老师的内心世界又真正了解多少？

在上周的教师会议上，我以故作轻松的语气向老师们提出一个问题：感到自己心理有问题的老师能否举一下手？举手的只有几个人。我又换了一种问法：感到工作和生活有压力的请举手。这次举手的超过了三分之一。

但是，谁能分清心理压力、心理问题和心理疾病的区别呢？

我们一直要求老师要关心学生的心理健康，但是，谁来关心老师的心理问题？

教师的心理问题从何而来？

1. 性格各异的学生与教师的责任

在学校一次研讨会上，一位老师说，班上的一个学生已经让他三天寝食难安了。反复的思想工作不见效果，特异的心理个性让他无计可施，以致身心交瘁，强烈的责任心又让他不能放弃任何一个学生。要知道，老师面对的是几十个甚至一百多个学生，如果一个班级集中了几个“问题学生”，老师将耗费大量的精力。

“教育不是万能的!”这是在教育界悄悄流传的一句话，但是，教育的使命和社会的要求却让老师必须成为“万能”的。不知是哪位“高人”早已将一个紧箍咒套在了老师的头上——“没有教不好的学生，只有不会教的老师”。

2. 家长的苛责与教师的不完美

教了几十年书，遇到太多的家长。层次不同，认知高下有别，修养各异，特别是对教育的理解更是五花八门。多数家长有修养，懂教育，尊重教师，理解学校，家校之间无障碍的沟通让老师身心舒畅，得心应手。也有的家长对学校期望过高，以自家孩子为“中心”评判老师。孩子在学校稍有委屈，立马“兴师动众”，小则匿名投诉，微信渲染；大则联名“逼宫”，要求学校撤换老师。更有甚者，自己行为不端，品格不敢恭维，反而采取极端方式对待老师。曾经有位家长，喝醉酒，打110，带警察来学校，仅仅因为他的孩子被老师批评了。还曾有一位家长电话中威胁老师：“信不信我一百万元买你一条腿？”

当然，我们的教师也有太多的不完美——教育艺术的欠缺，对学生的心理关注不够，工作不细致，不善于与家长沟通，只会教书不会育人，等等。当家长的苛责与教师的不完美相遇，矛盾也就来了，教师的心理问题也就出现了。

3. 素质教育和应试教育的碰撞

在中国做基础教育工作，最高境界应是素质教育与应试教育的完美结合。谁都不可轻易给自己或别人贸然贴上应试教育或素质教育的标签，这是中国的现实。有良心的中国教育工作者追求的一定是二者兼得。

但是，二者兼得谈何容易？中国高考本身就带有很多应试教育的影子，这又如何能要求学校教育完全脱离应试？脱离应试，家长也不会答应。一大批有教育梦想的教师在“戴着镣铐跳舞”的时候，内心的痛苦谁人能知？繁杂的事务耗费本应清净的育人心态，多重的评比制约着本应开放的教育视野。日复一日，年复一年，梦想的花儿开始凋谢，心中阴郁的草儿开始滋生。

4. 社会的期望与教师的角色

社会看教师，眼光是复杂的。

曾经的“臭老九”，现在的“教书匠”，都让人感到这是一个远离社会的群体。但是，“人类灵魂的工程师”“太阳底下最光辉的事业”又让老师戴上炫目的光环。潜藏在一些人心中的鄙视和教师不可有误的社会高期望让老师的角色尴尬。

但是，教师首先是人，需要生活，生活中会遇到常人都会遇到的困难。教师也有七情六欲、喜怒哀乐，有自身缺点，需要理解、包容和欣赏。在这个飞速发展的时代，职业的特点要求教师不断提升自己，才不会被时代抛弃。教师有时会觉得自己很渺小，很无助，可社会有时却把教师放在“完美”的祭坛上。社会过高的期望与教师现实角色的落差会让教师的内心产生无奈、困顿与疲惫。

如何化解教师的心理问题？

如果社会、家长都来关心教师的内心世界，不把教师当作“完人”看待，这样，就会少一些苛求，多一些理解；少一些指责，多一些欣赏。给教师的心灵一个适度的空间，教师自会在心野上徜徉。

如果学校在管理中多一些人文关怀，少一些刚性评判；多一些尊重，少一些批评；多一些科学，少一些随意；多一些和谐，少一些矛盾；多一些效率，少一些杂务，想必教师定会张弛有度，既享受工作，又享受生活。

但是，只改变外因而不去改变内因，可能无法解决根本的问题。

如何让教师具有强大的内心，足以抵御外界因素的袭扰，是我们要思考的问题。

佛家和道家都讲“修炼”，因为这两大宗教都认为“修炼”可以让人进入更高的境界。教师也应有“修炼”的精神，修炼自己的心性，修炼自己教书育人的本领，修炼自己超然于世俗的定力。古往今来，从“万世师表”的孔子到“捧着一颗心来，不带半根草去”的陶行知，所有的教育先贤哪一个不注重自己的修行，特别是内心的修炼？唯如此，才能真正得到自己内心世界的宁静和富足。

先不要抱怨社会对自己不公平，也不要去抱怨家长对自己不理解，更不要抱怨学生的顽劣和工作的辛苦。从提高自己的境界入手，从修炼自己的内心开始！

（2016 年 12 月 20 日）

幸福的“炫耀”

今天上午，东华教育集团请来了李镇西老师，1200 多名东华老师聆听了他三个小时的“故事”。

我听李镇西老师的讲座已是第二次，每次都有相同的感受。

这次，同上次一样，我依然强烈地感受到这位教育界名人幸福的“炫耀”和“炫耀”中的幸福。

炫耀？是的！李镇西老师三个小时都在“炫耀”自己！

炫耀自己与学生相处的幸福，炫耀自己与学生时空割不断的情谊，炫耀自己与学生几十年前那一张张黑白的老照片，炫耀学生昨日的顽劣与今日的成就，炫耀自己今日的收获与昨日的执着……

其实，人如果真的有值得炫耀的东西，那确实是一种幸福。

一个老师有什么值得炫耀的呢？权力？没有；金钱？没有；名望？没有。有的，也只是与学生相处时点点滴滴的幸福；有的，也只是学生成长成才成功成人之后自己的一点满足。如果时隔多年，老师能获得当年的学生一个轻轻的拥抱，那更是一种莫大的幸福。

而老师，也只能炫耀这些。

而这些，不是什么人都有资格炫耀的。

所有用心做教育的老师，都有资本去炫耀这些，并非只有李镇西老师可以炫耀。

是的，用心做教育，一定会有幸福的炫耀！

每天早上，我几乎都是7点钟准时赶到办公室，给当天过生日的老师写贺卡，然后，办公室刘洋老师会把贺卡拿去，送给过生日的老师。这是我每天固定的第一份幸福。

当我给老师写贺卡的时候，我的眼前总会浮现出这个老师的样子。那神态，那声音，那动作，那习惯，都如同这个老师站在我的面前，在与我交流。我们的学校很大，两个校区，450多名老师（明年会达到600多名老师），每一个老师我似乎都很熟悉。有一次，董事长问我："学校的老师你能叫上名字的有多少？"我说，全部。他有点儿不相信。其实，这是真的，每一个老师站在我的面前，我都能第一时间叫出他的名字。因为，我每天都在他们中间，脑子里都是他们的影子。我常常想，东华是一个幸福的部落，一群幸福的人在这里工作，做着幸福的事情。我每天手写的贺卡，带着我的祝福，被传递出去。

而我，每天也都收获着幸福。

在校园，看到每一个老师，彼此都会报以真诚的微笑，清澈的眸子传递着彼此的问候。而每一个迎面走来的学生，更是以清脆的问好让自己倍感满足。

前两天教师节，我的门缝里塞进了很多的信，我教过的三（16）班的孩子送来了他们的祝福。有的信很长很长，有的信很短很短，但都是一个共同的主题——想念他们的沈老师，希望沈老师健康快乐。

考上北大的王梓萱有一次和同学来看我，说了一句很搞笑的话："老师，我们的语文老师现在是校长了，我在东华校园可以这样走路了……"说着，她做了一个昂首挺胸、蔑视一切的动作，惹得大家哈哈大笑。我知道，这些优秀的孩子，他们在心中将我看得多么重要。

现在在读大学的李卓慧同学教师节那天给我发了一条信息："敬爱的Boss（老板）大人，很想念四年前的得力助手吧？我也很想你，不管是高中还是大学，都没有遇到像您这样风度翩翩、文质彬彬的老师了。更重要的是，您对于我来说就像是一位慈祥的父亲。今天是个特别的日子，您的科代表李卓慧衷心跟您说声节日快乐！愿您身体健康，天天快乐！”呵呵，虽然知道学生的文字中有吹捧的味道，但作为老师，依然感到小小的虚荣心的满足。

而一个叫肖梓婷的学生，在信的末尾，竟然用“命令”的口吻写道：“老师，最最重要的就是一定要健康！健康！健康！重要的事情说三遍。”

每天都有扑面而来的幸福，作为一个老师，如何能控制自己的“炫耀”？

炫耀中，有感动，有思考，有辛苦，有付出，有追求，有梦想……更有桃之夭夭、灼灼其华的愿景。

我理解李镇西老师今天三个小时的“炫耀”，那是一个付出心血、收获真情的老师的自豪与幸福！而这份“炫耀中的幸福”，就是一个老师的成功。

为什么不“炫耀”呢？

（2015 年 9 月 13 日）

幸福中的风景

——写在 **2015** 年教师节

1935 年，新月派诗人卞之琳写了四句诗，名曰《断章》：

你站在桥上看风景，
看风景的人在楼上看你。
明月装饰了你的窗子，
你装饰了别人的梦。

教师节来临，不知怎的，忽然想起这首诗。桥、楼、明月、人，以及隐藏着的桥下的流水、水上的光影、岸边的垂柳，还有那个梦——多重意象，组合成一幅如梦如幻的风景，给人无尽的回味。

其实，人来到这个世上，皆自成一道风景，并在别人的风景中时时出现。

我常常想，教师应该是天下最幸福的人。因为，教师拥有的风景最多、最美。

每个学生都是一道风景，而老师，站在高高的“楼”上，一年一年欣赏着那么多的“风景”，心与“风景”融为一体，能不幸福吗？

幸福是一种心灵的满足，幸福来自真情的拥有。

拥有金钱，金钱买不来真情；拥有权力，权力无法换取真情。而老师，陪伴纯真无瑕的学生走在他们成长的路上，赢得一颗颗纯洁的心，是拥有金钱的富翁和拥有权力的高官无法真正得到的。

只有在学校，你才可以经常看到阳光般的笑脸；只有在学校，你才可以心无设防地进行无功利的交流；只有在学校，你才可以拥有来自孩子的尊敬和崇拜；只有在学校，你才可以感到自己心灵的满足以及自身的价值和荣耀。因为，你被学生的真情簇拥着，环绕着。

在我的眼中和心中，每一个孩子都是天使。特别是过了不惑之年，我的心能容忍学生一切的过失。虽然有时我依然严厉地要求他们，但是我从未真正厌恶或放弃过他们。

很多家长都会把我的年龄猜错，当我告诉他们我的真实年龄时，他们往往会大吃一惊。我会笑着告诉他们，我每年、每月、每日都和十几岁的花一般年龄的孩子在一起，看着他们天使般的脸，我怎么会显得老呢？一批花季、雨季的孩子毕业了，我又会迎来另一批最美季节的孩子，我的生活从不缺乏青春和热情。我时时和天使在一起，我将永不老去。每当此时，家长的羡慕之情让我感到更加幸福。

每年元旦那天的零时，我都会收到来自世界各地的我的学生的祝福电话或短信，我感叹于他们在深夜新年开始的那一刻的守候，感谢他们将第一份祝福送给我，这份真情只有老师能够拥有。虽然，他们常常调皮地在电话中让我猜他们的名字，虽然我常常把他们的名字猜错，虽然他们在电话中“责怪”我的健忘，但是，年年新年到来的第一刻，我依然享受着他们从四面八方送来的祝福。虽然，已毕业的学生作为最美的风景已经不在我的视野之内，但是，他们永远存在于我的心中，我能不幸福吗？

琅琅的书声，快乐的嬉戏，激烈的辩论，紧张的备考，专注的神情，追逐的眼光，晨风中的奔跑，夜色下的狂欢……只有老师，才能拥有这幸福中的风景！

夜风徐徐，花树摇曳，流水悠悠，星月朦胧。桥上之人赏心悦目，心旷神怡；楼上之人却在看你，你与那影影绰绰、婆婆娑娑的绿树已融为一体，成为风景。

那桥，那夜，那明月，那梦，那风景，都将走入你的心灵，成为你幸福中的永恒印记。

（2015 年 9 月 10 日）

师生心语

东华学子应具备的六大特质

1. 善美之德

正品修德是东华学子的第一要务，“善美之德”应是东华学子的第一特质。

东华小学、初中、高中三阶段的校训分别是：“向善向上”；“崇善致美，笃行致远”；“心止于善，行止于美”。从中可以看出东华德育明确的指向——“善”和“美”。

东华学子当以“德”为先，“善”为底色，“美”是亮色。

2. 达观之心

把心胸打开，让阳光进来，悦纳世间万物，让快乐相随。不因困难而却步，不因挫折而气馁，修炼一颗“达观之心”，这应是东华学子的又一特质。

人对“苦”与“乐”的感知随心态而变化。达观之人遇苦不悲且能化苦为乐，遇失不悲且能快乐前行；悲观之人视困难如高山，日日愁云密布，遇小苦则大悲，如同世界末日。

东华学子应以达观之心，笑傲一切。

3. 坚毅之力

让一种力量永远属于自己，这种力量就是远涉人生之路所必需的“坚毅之力”。

不朝秦暮楚，不半途而废，以恒久之志前行，不忘初心。积蓄精神的能量，保持强大的心力，掌控前行的方向。不轻易消沉，不轻易受伤，不轻易停歇，不轻易满足，给自己的人生输送源源不断的动力。坚毅之力应是每一个学子不可丢弃的特质。

4. 多元之才

东华学子不应是只会读书的“书虫”，而应是志趣广雅、博闻多识、个性鲜明的多元之才。

从书中寻求心灵的雅趣和对世界与人生的认知，但不迷信书；追求学业的进步和对知识的求索，但并非只知学习。每个东华学子都应发现、唤醒自己内心深处独特的兴趣，让自己从“一极”走向“多极”，从“一元”走向“多元”。

5. 创新之思

在这个腾飞的大时代，东华学子必须培育创新思维，让创新之思成为一大特质。

敢于打破传统的、单一的、从众的思维模式，学习中求新，求异，成长中不囿于一隅，不故步自封。以新思维大胆实践，在多个领域敢于尝试。

拓宽视野，放眼未来，将创新融于自己的思想和行动中，伴随自己成长的每一步，不做未来时代的落伍者。

6. 追梦之志

在做梦的季节，立下追梦的志向。给自己构筑一个又一个“小梦”“大梦”，然后，矢志不渝，奋力前行。这应是东华学子的第六大特质。

梦在前方，志在心中。珍惜大好青春年华，带上坚不可摧的追梦之志，开辟自己壮美的人生之路，去追寻前方属于自己的无限精彩。

（2017 年 9 月 17 日）

"筷子题"难解的背后

晚自习结束后，我习惯在山顶的运动场散步。一是活动一下身体，更重要的是，这个时间，很多的学生喜欢在夜色笼罩的跑道上跑步，我可以有机会与他们交流。

迎面走来了四个学生，是初一年级的新生，他们认出了我，于是与我同向而行。

其中一个学生问我："校长，你是教什么学科的？"我笑着说，猜猜看。四个人出现了意见分歧，两人认为我教数学，两人认为我教语文。

我说："这样吧，你们说我是数学老师，我就给你们出一道数学题；你们认为我是语文老师，我再给你们讲一个故事。"

先出数学题。它是一道"筷子题"。这道题是当年我的数学老师在课堂上曾经"为难"过我的。多年来，我用它"难为"过很多学生。令我不解的是，那么多的学生在听完这道题后，以一种直线型思维，让思路进入误区，并不知回头。

这道"筷子题"是这样的：100 根筷子分 7 捆，每捆只能分成单数，不能分成双数，如何分？

这是一道无解的"筷子题"。奇数个奇数相加，不可能得出偶数。小学数学课本中关于奇数和偶数的内容，一定涉及了这个规律性的问题。可是我们的孩子，一拿到这个题目，马上习惯性地埋头去分，有的甚至拿来纸和笔，一组一组分得昏天黑地，不是多出一个，就是缺少一个，100 根筷子怎么也不能按要求完整分组。如同走在一个死胡同，撞到了墙壁依然不知道回头。

这四个孩子听完题目之后，陷入沉思，开始小声地议论着去分组。当然，像我曾经“为难”过的其他孩子那样，他们和我在 400 米运动场上走了 10 多圈，依然没有分出来。

我开始思考我们的教育对学生思维的训练是否出了问题。

我对我们的学生缺乏质疑的精神感到惋惜。

题海训练模式下的应试教育，追求答案的唯一，是否让孩子的视野局限于一隅而不得拓展？

学校教育应如何进一步丰富形式和内涵，真正从实践、发展、创造的角度去培养孩子？

这时，其中一个孩子说话了：“校长，你先讲那个故事吧，这个数学题我们一会儿再做。”我想，也好，换一种形式让他们思考问题。

我给他们讲了一个第二次世界大战时的故事。第二次世界大战后期，苏联军队攻打柏林。据说，一天晚上，苏军要向德军发起进攻。可那天夜里天上偏偏有星星，夜光比较亮，大部队出击很难做到保持高度隐蔽而不被敌人察觉。苏军不喜欢光亮，担心进攻被发现；德军希望有亮光，以便掌握苏军动向。围绕着光亮问题，苏军元帅朱可夫思索了许久，猛然醒悟并做出决定：把全军所有的大型探照灯都集中起来。那天晚上，苏军的 140 台大型探照灯同时射向德军阵地，极强的亮光把隐蔽在防御工事里的德军照得睁不开眼睛，什么也看不见，只能挨打而无法还击，苏军很快突破德军的防线获得了胜利。

故事讲完后，我问四个孩子，朱可夫元帅聪明不聪明？他们说聪明。我接着问，聪明在哪里？几个学生叽叽喳喳议论起来。其中一个孩子说，朱可夫元帅把问题倒过来思考，他才想出了一条妙计。

我很高兴，顺着这个孩子的思路说道，是啊，倒过来想问题，问题就解决了。不然，苏军如果总是想如何隐蔽进攻，可是那晚的条件不具备，很容易被发现。德军想要亮光就给他们“足够”的亮光。这是与一般人不同的思维方式啊。

这时，另一个学生沉思后说道：“老师，你出的那道数学题，是不是无法分啊？”

我心中一喜，赶忙问，为什么无法分？说说看。

条件不对啊。100 是偶数，7 是奇数，7 捆中又要求每捆是奇数，不可能分啊！

哈哈，我笑起来。说：“不可能分为什么你们还要分那么长时间，浪费那么多脑筋！”他们也一起笑起来，说我骗他们。

我说：“孩子们，老师不是骗你们，生活中有很多问题需要我们打开思路去思考，以开放的思维去判断这个世界，解决这个世界中的难题。而逆向思维，就是解决难题的一条有效途径。一切事物都有两面性，从相反的角度去思考，有时会有出人意料的效果。逆向思维的最大特点，就在于改变常规的思考轨迹，用新的角度、新的方式研究和处理问题。”

在与他们挥手告别的时候，我说：“孩子们，你们很聪明，明天到我的办公室领取奖品。”他们笑着问：“校长，是不是又‘骗’我们？”我说：“换一种思维去思考，到校长的办公室去何尝不会有另一种惊喜呢？”

第二天课间，这四个可爱的孩子果然找到了我的办公室，我又给了他们一个问题。当然，还有水果享用。

（2015 年 9 月 24 日）

孩子，你不是“差生”

黄昏，一个学生在运动场哭泣。我走过去问他原因，他告诉我，这次测试没有考好，拖了班级的后腿，也让自己所在的学习合作小组受到影响，没有被评上“优秀”。更让他难受的是，班上那些一贯傲气的同学竟然当众称他为“差生”，他感到自己很没面子。

沐浴着夕阳刚刚落下的余晖，我和这个心情不佳的小男生边走边聊，耐心地听着他的诉说和委屈。

他说，自己基础不好，小学时每次考试都是班上倒数。升入初中，经过自己努力，虽有进步，但因功课增多，学习还是感到吃力，成绩总是赶不上来，这让他很苦闷。他想放弃读书，可是父母又不答应。

我问他：“学习是为了什么？分数和名次真的很重要吗？”

他说：“当然很重要！对我来说，这关乎我的尊严！”

“尊严？”我有些吃惊，明白了他内心痛苦的根源。在孩子的世界里，他们需要用成绩来证明自己。

“男子汉，哭泣能改变现状吗？”我笑着说。

“可是，现在我不知道怎么办啊？”他说。

“分数和名次固然关乎尊严，但是，因分数和名次而产生的‘尊严’如果成为心中的负担，这个‘尊严’就变成了解不开的心结，就是情绪的负能量。而你，可能永远得不到你所需要的分数和名次。”我告诉他。

渐浓的夜色中，他怔怔地看着我。

我接着说：“先把你在乎的分数和名次抛在脑后，不去过分在乎别人的眼光和议论，也不去在乎那些所谓的‘尊严’，你只需在乎自己每天是否付出了足够的努力。一步一个脚印地向前走，总有一天你会赶上甚至超越别人。”

我说这番话的时候，他若有所思。

“老师，即使努力，我可能也考不过那些学霸。”他有些失望地说。

“请记住，不要总是和学霸横向比成绩，那样会让自己徒增压力；要坚持每天和自己纵向比进步，这样会让你找到更多的自信。不要总是和高手比一时的成绩，而要和他们比一世的成就；不要困于一时的失败，而要让恒心和毅力带自己走出一生的精彩。”

我说得很慢，怕有说教之嫌，我只是希望他把一生当作一条长路来规划。不知道他是否真正理解了我的意思。

“可是，‘差生’的帽子还是让我不开心。”他说。

我说：“孩子，如果你每天都在努力，都在进步，你就不是‘差生’。真正的‘差生’是那些不努力、不进步、没有进取之心的人。考试的失败不叫没‘尊严’，因暂时落后轻言放弃的人才是没‘尊严’，而更大的没‘尊严’，则是一生因自己不努力而毫无建树。”

他听懂了我对“差生”和“尊严”的定义，终于轻轻地笑了。

其实，绝对的“差生”是不存在的，“差生”只是个别老师给某些暂时落后的学生贴上的一个带有偏见的“标签”。

（2017 年 10 月 24 日）

今夜，这里没有风雨

天气预报：今夜有暴风雨！

晚上10点后，我去学生宿舍巡视，看到孩子们都已安然入睡，才回到办公室。忽然想起一（8）班教室走廊前的盆景树上那个鸟窝和鸟窝里的几只小鸟，禁不住担心起来。我不知道鸟妈妈是否已经回来，今夜的风雨是否会让鸟妈妈和它刚出世的孩子安然无恙？

于是，急忙来到教学楼上，走到一（8）班教室前。借着走廊的灯光，我悄悄掀开盆景树茂密的叶子。圆圆的鸟窝里，鸟妈妈警觉地探出头来，和我对视着。两秒钟后，大概看到我微笑的眼睛，感到并无恶意，于是它又放心地埋下头，抚慰着几个宝宝，继续安睡。

望望黑漆漆的天空，我知道风雨马上就要来了。

我有心把盆景树移到室内，又担心鸟儿不允许我擅自移动它们的家园。试了试风向，感到虽是在走廊，风并非直吹，况且有墙壁的遮挡，风应当不会把盆景树吹倒。于是，我悄悄关上走廊的灯，轻轻离开，心中默念着：但愿今夜的风雨不要惊扰鸟儿和它的宝宝……

我知道，一（8）班的学生和老师一定和我一样，今夜也会为鸟妈妈一家祈祷。因为，他们是那么真诚地爱它们。

我曾收到班主任马艳老师的一则微信：

一（8）班教室门口有棵盆景树，今年春天有小鸟在盆景树里做了个窝，还衔来红色的羽毛装点小窝。现在竟生出了紫红色的两个鸟蛋。一边是淘气、天真的孩子在大声读书，或者课间快乐地玩耍；一边是鸟儿在这里筑巢安家生宝宝。多么神奇的事！鸟儿和人你看看我，我看看你，自然和谐相处，生命相契相融。孩子们给盆景树浇水，鸟儿也只顾玩耍，时而飞进飞出……

看到微信，我马上赶过去，约上几位老师一起探望“鸟儿一家”。

当时，鸟妈妈不在，我看到两个圆圆的带着美丽斑点的鸟蛋静静地卧在窝里。阳光透过叶子的空隙照进去，让人倍感温馨。我贪恋地看了又看，怕惊扰了它们，但又忍不住内心的喜爱之情。

生命，是神奇的！在这里，生命，又是那么温暖和静美！

下课了，孩子们从教室走出来。我发现，他们的脚步变得比以前轻了，说话的声音也小了。班主任说，自从知道鸟儿住在这里，特别是发现鸟儿有了宝宝，班上的学生自发地组织了“看护小组”，不许其他人靠得太近。同时，为了让鸟妈妈安心抚育宝宝，他们一般不允许学生和老师频繁地探视。一（8）班的学生已经把保护鸟儿一家当作他们的责任和使命。

那天探望鸟儿后，过了一日，马艳老师发图片给我，窝里多了两个宝宝。

又过了几天，翟园老师在校园遇到我，再报喜讯：鸟儿已有四个宝宝了！

这两天忙于事务，似乎忽略了鸟儿一家，但我的心中总有一份牵挂。

我不知现在鸟儿的窝里是否又多出几个宝宝，但我相信，生命是生生不息的。特别是，在东华。

平时，走在校园，我总喜欢看孩子天真的笑脸。迎面走来，在甜甜的“老师好!”的问候声中，我的眼光总能捕捉到似一汪汪净水般的眼神，那里面有信赖，有安静，有纯美，更有成长的喜悦。一个个身影走过，我的内心常常穿越未来，想象若干年后他们会是怎样的形象，他们的天空是否像今天这样没有风雨?

我知道，学校如同一个大大的窝，孩子们在这个温暖的窝里快乐地成长，老师给予的是阳光，遮挡的是风雨。

但是，我清楚地知道，孩子的世界里不可能没有风雨。像今夜这样的暴风雨黄色预警生成，明天也许会枝叶飘零，落红遍地。但是我相信，教育只要有爱，再大的风雨也会被彩虹替代。

闪电划破了夜空，远处的雷声渐渐近了，风和雨越来越大。

鸟儿和它的宝宝会很好吧? 有那么多学生和老师的爱护佑着它们，再大的风雨也不会袭扰它们。

今夜，我不回家，我要在学校驻守。

今夜，这里没有风雨!

(2016 年 4 月 18 日)

你是否关注那些孤独的孩子

在校园里行走，每看到有学生踽踽独行，我都会多看上几眼，努力捕捉孩子的眼神，看有没有落寞和忧伤。

我不希望孩子孤独，特别是在学校。

有人说，孤独也是一种成长，我不认可。孤独不应是初中生“享有”的，如果硬要把孤独理解为心灵的修炼，或一种独立的生活形式，我愿把它视为学生十八岁之后的必修课。

对孩子来说，学校应该是一个拥有朋友的地方，而且是朋友聚集的地方。因为，十几岁是一个需要和同龄人共同成长的年龄。

在学校，为什么有的孩子却感到孤独?

一个冬日的午后，在校园里遇到一个独行的孩子，我把午饭时没有吃的一个苹果送给他，开始了我们之间的对话。

“在学校开心吗?”

“一般般。”

“那就是有些不开心了?”

“有点儿。我感到我在老师的眼中是空气。”

“此话怎么讲?”

“有一个学期了，老师竟然还叫不上我的名字，也从未提问过我。”

“你有没有和老师聊聊的想法?”

“我不想。也许我真的太普通了。”

…… ……

——被遗忘。不突出，太普通；与优秀无缘，无特点可言。如同一棵默默无闻的小草，躲在角落，没有人去瞥上一眼。阳光本应照在每棵小草的身上，却单单不在它的叶片上停留瞬间。

星期天，在一个餐馆吃饭，一个高高瘦瘦的孩子来到我的面前和我打招呼，我才知道这是我们学校的学生。他没有穿校服，腼腆地在我对面坐下。我问他为什么不和同学一起出来玩，他向我抱怨，说自己在学校没有朋友。问其原因，他说老师大都喜欢成绩好的学生，像他这样的差生是没人看得起的。

——被放弃。成绩差，太顽劣；拖班级后退，给老师“丢脸”。遭讥讽，受打击，自尊心一伤再伤。把羽毛收起，把头低下，没有朋友，没有笑脸，更没有被夸赞。

某周日返校的晚上，一个孩子蹲在运动场的角落，借着幽幽的灯光看书。我走过去问她为什么不回教室，她不愿说话；想和她聊天，她沉默以对。我站在那里默默陪了她一会儿，感到这个孩子一定有心事。

后来，班主任来找她。

再后来，班主任告诉我，这个女孩子生活在一个特殊的家庭，父亲是台湾人，这几天离开她们母女回到台湾的那个家再也不回来了。女孩子心有千千结。

——被冷漠。心无港湾，生无着落。家庭温暖的缺失会让未成年的孩子感到这个世界的悲凉，感到自己成了一根孤凄的衰草，无处安放。

…… ……

有位老师与我谈起“孤独”这个问题，他说，学生的孤独是因为学校与家庭教育的缺失，教育的缺失则是因为爱的吝啬，而爱的吝啬又是因为教育的傲慢与偏见。因“吝啬”而遗忘那些看似不优秀的孩子，因“偏见”而放弃那些成绩暂时不佳的学生，因爱的“缺失”而让孩子过早感受到这个世界的冷漠，这是教育的失职。

他又说，其实，教育就是带着一颗心去“敲门”。

有的孩子天性封闭，不善于与人交流，但是，没有不喜欢被人关心、肯定和鼓励的人。每一个孩子在老师面前都是一扇等待打开的“门”，老师要主动地去“敲门”，带着自己那颗炙热的心。不要遗忘，不要轻言放弃，每一扇“门”的背后都是一颗纯真的、等待你去润泽和呼应的心。

请关注校园里那些孤独的孩子。

（2017 年 5 月 9 日）

你有那把钥匙吗

——如何与青春期的孩子交流

先讲一个沟通学上常用的比喻。

一把坚实的大锁挂在门上，一根铁杆费了九牛二虎之力还是无法将它撬开。钥匙来了，它瘦小的身子钻进锁孔，只轻轻一转，大锁就“啪”的一声打开了。铁杆奇怪地问：“为什么我费了那么大的力气也打不开，而你却轻而易举地把它打开了？”钥匙说：“因为我最了解它的心。”

每个人的心，都像上了锁的大门，任你再粗的铁杆也撬不开。即使蛮力打开，也会门毁锁坏，无法再用。唯有沟通、关怀，以心换心，多为对方着想，把自己变成一把精巧恰当的“心钥”，才能打开他人的“心锁”，让他人接受。

听很多父母说，与孩子很难沟通，尤其是中学生。孩子要么不与父母交流，要么一交流就“拧着来”。本来想好好沟通，结果常常是不欢而散。

青春期的孩子一般都会经历一个“封闭期”，将自己的心事封闭起来，不愿与人交流，特别是不想让长辈知道自己的小心思。这个阶段也可称为“青苹果期”，酸酸的果子，还未成熟，但又有了思想的雏形。世界向孩子逐渐打开更大的空间，纷乱的信息，繁杂的理论，无尽的诱惑，诸多的选择，全都向“花季雨季”的孩子涌来，加之生理的变化带来的情感方面的骚动，让孩子必然经历一个成年人不太理解的“艰难成长期”。

此时的孩子不愿与人交流，但又渴望别人的理解与呵护。

老师与家长此时常常犯的错误是，居高临下，以“过来人”或者“卫道士”的面孔管教孩子，甚至采用粗暴的方式让孩子必须按照自己的意志行事。其结果必然是激起孩子更多的逆反。青春期的孩子有了保护自己心理秘密和要求独立的愿望，可父母和老师还是把他们当不懂事的孩子看待，干出一些如偷看其日记、窥探其隐私等让其反感的事来，用命令的口吻与其说话，孩子怎能不逆反？

与青春期的孩子交流，最关键的是要有“聆听的艺术”。要善于创造一种自然的氛围，在孩子说话时，不打断，不讥讽，不轻易反驳，认真聆听，先让自己对孩子说的话感兴趣，让孩子找到一种被尊重的感觉。

然后，要掌握“平行交流艺术”。从孩子的谈话内容切入，与孩子进行观点的探讨，而不是独裁式的管教。切记，不同意孩子的观点时，不要形成“对抗性”的谈话氛围。有时，孩子的观点如果确实有问题，可以用其他的案例来“旁敲侧击”或者“触类旁通”，也可以暂时冷处理几天，等下一个交谈的契机到来，再解开这个“问题结”。

前天晚上在山顶运动场散步，看到一个初三男生低着头踽踽独行。

我跟上他，问道：“怎么一个人散步？”

“有点儿不开心。”

“为什么？”

“刚刚和同学发生了争吵。”

“吵得很厉害吗？”

“是的。”

接下来的谈话，我避开了几个问题。既没有问他的名字、班级，也没有追问与他争吵的同学的名字和争吵的原因。

我开始谈起自己上中学时与同学发生矛盾的情景，忆起当初的点点滴滴，禁不住多次笑起来。

我说，现在我们同学聚在一起，说起那时的事情，都作为一种快乐的回忆去享受。哪怕那时曾经拳脚相加，也没有影响现在的感情。

“校长，与同学发生冲突后，你那时是怎么解决矛盾的?”这个同学提出这个问题，让我感到他希望与刚才争吵的同学和解。

“男子汉，一定要大度！谁的包容心大，谁的修养就更高！千万不要‘男子汉，大豆腐’！”

他笑起来。我又说：“勇敢地、主动地伸出你的手，你会感到你将拥有友谊的‘主动权和领导权’。”

“看起来，我不能做‘大豆腐’了。”他笑着说。

看他的心情好起来，我说：“回教室吧。”

“校长，我自己回去。”他误解为我要送他回教室。

我笑笑说：“我也要回办公室了，再见！”

直到现在，我都不知道这个学生的名字和班级。甚至，夜色中他模糊的样子我都记不清。但是我想，这个年龄的孩子有些事情并不想让人知道得太多，巧遇我，能够告诉我他的不开心，已是对我的信任。我应当珍惜。

有研究表明，来自上层的信息只有20%~25%被下层知道并正确理解，而从下到上反馈的信息则不超过10%，而“平行交流”的效率则可达到90%以上。

有一句话值得思考：在别人的反应里看到自己。你与孩子沟通的效果，要看孩子接受的程度。

我曾经把一位忧郁型的学生叫到办公室，送给他一本书，在书的扉页上我把唐代诗人李贺《致酒行》中的两句诗赠予他：“少年心事当拿云，谁念幽寒坐呜呃。”

当时，这个学生问我这两句诗的意思。我说：“你自己去网上查查吧。”

两天后，他来到我的办公室，告诉我：“校长，我明白了，我会坚强，会乐观起来的！”

（2016 年 4 月 2 日）

一个叫“晨”、一个叫“曦”的女孩子

下午，在东华山上的教学楼上行走，看到葱郁的黄旗山脉如一面旗帜徐徐展开，风轻云淡，夕阳如画，心底油然而生一种安然与静美。

初三正在进行模拟考试，孩子们在试卷上书写着答案。透过玻璃窗，看到有的在奋笔疾书，有的已答完试卷在悠然小憩，调皮的孩子看到我会眨眨眼睛，会心一笑。

考试结束的铃声响了，教学楼霎时热闹起来。很多学生走出教室，开心地说笑着。他们从我身边走过，跟我大声打着招呼。

东华山上的风是轻柔的，很惬意。

这时，两个女孩子看到我，从走廊的那头笑着跑过来，让我给她们在书上签名，并写一句话。

我笑着说：“写什么呢？”

她们说：“就写鼓励的、祝福的话吧。”

看着这两个脸似明月的快乐女孩子，我接过她们递过来的书，并没有急于签名，而是与她们交谈起来。

“这两天模拟考试，你们感到紧张吗？”

“没有啊，正常学习就可以了。”

“为什么找我签名？”

“中午在食堂我们看到很多同学找你签名。你知道吗，老师的签名会给我们一种力量和幸福的。”

“有那么大的作用吗？”

“当然有了！你看，我们都集了很多老师的签名和留言了。快毕业了，我们真的不想离开这里。”

我翻开一个女孩子的书，扉页上写着她的名字：“曦”。

我好像看到了早上太阳的光辉，柔美，金黄色里满是希望。

“希望是美好的，如同早上的晨曦。愿人生时时拥有。”

看到我写的这句话，另一个女孩子笑起来：“老师，你知道我叫什么吗？”

她翻开她的书，上面写着她的名字：“晨”。

我也笑起来。看着这两个叫“晨”和“曦”的女孩子，感到一种从未有过的欣慰。似乎她们身上环绕着一种美丽的、快乐的、七彩的希望光环，那么真切！

“老师，你知道吗？我和曦小学就是同学，初中我们又在一个班，最要好了！”

“晨离不开曦，曦离不开晨！”我笑着说。

“希望时时相伴，快乐天天拥有。”我又给晨的书上写下这样一句话。

两个快乐的女孩子手拉着手，笑着跑开了。

（2017年5月11日）

与一个被罚站的学生的聊天记录

今天，在教学区巡视时，发现初三教室里有个男生一直站在自己的座位旁。自习课，教师不在，我在窗外示意那个站着的学生坐下，他不好意思地朝我笑笑，摇摇头。其他同学悄悄告诉我，他违纪了，被班主任罚站。

我招手让那个被罚站的男生出来，我想和他聊聊天。

我带他来到办公室，请他坐下，给他拿了一瓶水。他有些拘谨地半坐在沙发上，低着头摆弄着手指。

师：告诉我你的名字好吗？

他把校卡拿给我看：某某班，赵某奇。

师：小奇，为什么被罚站？

生：（小声地）家庭作业没完成，上课说笑，宿舍被扣分。

师：（呵呵）数“罪”并罚啊！被罚站的滋味如何？

小奇的头抬起来，有些不屑地微笑着。

师：自尊心受伤害了？

生：习惯了。

小奇的回答让我吃惊，是老师的罚站成为习惯还是小奇的犯错成为习惯？我不希望我们的老师将罚站当成家常便饭，也不希望学生以无所谓的漠然对待自己的错误。

师：经常被罚站吗？

生：也不是。我也知道我身上的毛病太多，但就是改不掉。

我稍稍松了口气。“没有惩罚的教育是不完整的教育”，这一点早已成为教育界的普遍共识，基于矫正学生不良行为和习惯的短时间的罚站不能算作体罚。体罚是我们严令禁止的。

师：咱们慢慢聊聊天好吗？告诉我，家庭作业经常完不成吗？是作业量大吗？

生：作业也不算多。有的同学半个小时就可以完成，可是我的基础差，每次遇到不会的题目都很心烦。说心里话，我讨厌家庭作业。

小奇的话中透露出两个信息：一是整体的作业量未必大，但对基础薄弱的学生来说依然不能按时完成；二是学习的兴趣不高，对作业有一种排斥。我想，学生作为不同的个体存在差异，作业有必要“一刀切”吗？学生的兴趣是什么时候、什么原因退化的？

师：几个学科中，你最喜欢哪个学科？

生：最喜欢化学。

师：为什么？

生：化学作业不难啊，每次家庭作业我都能得“优”。

自信，学生在作业中找到了自信，也就找到了兴趣。每个人都渴望拥有成功感，我们的老师为什么有时就忽略这一点呢？

师：其实你是一个聪明的学生。你能把化学学好，其他学科肯定也可以学好。关键是要慢慢培养兴趣。相信自己！我给老师建议，将你的作业适当减量，好吗？但是，减量后要完成啊。

小奇看着我，点点头。

师：那给我说说，上课为什么说笑？不影响其他同学吗？

生：校长，有的老师讲课，整堂课都是一个声调，好无聊。

师：那你喜欢老师怎样上课？

生：让我们学生有机会发言。

师：不是有“学习合作小组”吗？课堂的探究环节你们不是有机会“练口才”吗？

说到学习合作小组，小奇开始眉飞色舞。

生：是啊是啊！我还担任三个学科的学习组长呢。他们都夸我是“铁嘴”，没人辩得过我。可是，有的老师上课常常把探究交流环节忽略过去。没劲儿！

“动态，交互，探究，体验，生成，发展”是我们对“生态课堂”的内涵定位，可是由于我们有的老师教学理念跟不上，致使课堂走样，影响学生的听课兴趣。不愿意听课的学生，如何寻找发泄口？只能上课说话打闹，不听讲。课堂的主体是学生，任何时候都不能忽略学生的存在。有些老师上课只求自己过“嘴瘾”，把学生置之脑后，这是不对的。你不理学生，学生也不理你！

师：小奇，我给你提个要求好吗？当你上课想和同学说话的时候，你先认真听老师上课，试着去发现老师讲课中的问题，然后不管老师叫不叫你，你都可以站起来提出你的疑问。这样好吗？

这是习惯转移法，我想让这个爱说话的孩子用善于表达的特长改掉课堂爱说话的习惯。

生：我打断老师的讲课，那老师要是批评我咋办？

师：不会的。相信老师都喜欢提出问题的学生。只要你的问题与课堂有关。

生：那我试试。

师：再来谈谈宿舍扣分的事，好吗？

小奇的脸上有些泛红，有点不想谈这个话题。

师：小奇，今天我们是朋友，你不要把我当校长，有什么心里话都可以讲。好吗？

生：（犹豫着）我带手机到学校，晚上我偷玩手机被发现……

我们学校一直禁止学生带手机入校，因为，学生的自控力较弱，一旦有手机，晚上在宿舍很容易上网，玩游戏，聊天，甚至看一些不健康的东西。

这时，班主任推门进来，因为他听说校长把他罚站的学生叫走了，急着赶过来解释。我笑着示意班主任走出办公室。我说："没有什么，我想和这个孩子聊聊天。"班主任悄声说了句："校长，这个孩子昨晚用手机看黄色的内容。"我说："知道了，不着急。回头再与你聊好吗？"

回到办公室，我发现小奇的脸色更加慌张和不安。

师：小奇，在家你喜欢上网吗？

生：（小声地）喜欢。

师：是啊，现在已经进入互联网时代了，谁都离不开网络。很多行业都和互联网整合，出现了新型的"互联网+"行业。但是，你知道吗？网络是一个有无穷"珍宝"的迷宫。

小奇抬起头看着我。他似乎对我的话题有了兴趣。

师：上网的人都想获取"珍宝"，但是，很多人进去后走着走着就迷路了，尤其是青少年。网络里诱惑太多，对不谙世事的学生来说，当然很容易误入歧途，不能自拔。

小奇开始进入一种沉思状态。

师：有些东西是人在不知不觉当中迷醉的，比如罂粟花，看着很美，实则有毒。你还小，很难分辨。

小奇的脸红红的。

师：小奇，学校不让学生带手机，其实是为了让大家能静下心来学习和成长，学生的心一旦乱了，何谈学业？你能理解吗？我们宿舍有电话，不存在与家长联系不便的问题；我们学校有电脑室，老师可以带领大家网上冲浪。你说呢？

生：（站起来）校长，我错了！

师：（笑着）是错也不是错。记住，一个优秀的人一定是一个管得住自己的人！有些事情长大了你就明白了！

师：好了，小奇，今天的聊天到此结束。记住，从今往后你我已经是朋友了，欢迎有时间来我办公室聊天。学生中我的朋友很多，他们都是与我无话不谈的。

生：（脸上的笑容绽放开来）好的，我一定常来。另外，校长，我们的班主任和老师都很好，他们是很关心我的，你不要批评他们啊。

师：（笑着）我怎么会批评老师呢？你那么喜欢他们。

生：（神秘地）告诉你一个秘密，我给我们班主任起的花名是“弥勒佛”。

小奇开心地走了。

罚站的背后，有很多的信息值得我们研究和思考。单纯意义上的罚站，有时可能会矫正学生的一些错误，但有时也可能让孩子的自尊受到打击，所以，任何一项教育措施都应因人而异。重要的是，罚站后老师的后续跟进是保证这一适度惩戒措施的有效环节，而拿捏好罚站的分寸则是保证对学生不造成心理伤害的关键。

心理学上有一个著名的“科尔伯克道德六阶段理论”，大致是：

水平一：前道德水平。

阶段1：惩罚和服从的定向（行为的后果作为是非标准）。

阶段2：朴素的利己主义定向（以个人需求的满足与否决定事情的好坏）。

水平二：习俗角色遵从的道德水平。

阶段3：好孩子阶段。

阶段4：维护权威定向。

水平三：自我接受的道德准则的道德水平。

阶段5：墨守法规和契约的定向。

阶段6：个人的良心和原则的定向。

青少年时期，孩子一般是从“前道德水平”向“习俗角色遵从的道德水平”发展，适度惩戒的约束是必要的。当然，适度的惩戒要讲方法，讲心理，讲科学，讲艺术，不可为惩戒而惩戒。

我记得刚才答应班主任，回头要和他聊聊天。

（2016 年 1 月 6 日）

从这里到远方

——在初三毕业典礼上的讲话

亲爱的同学们：

下午好！

刚才，谢级长发布了我校的中考成绩，我们倍感振奋和鼓舞！

今天，你们以强者的风采和胜利者的姿态，站在了东莞基础教育的一个新高度，东华初级中学因你们这届优秀的毕业生而更加骄傲！

祝贺你们！荣耀属于你们每一个人！

想必大家也已经知道了今年的高考成绩。广东省文理科前 10 名，我们东华高中就占了 8 人，而且这 8 人全是东华初中毕业的学生。广东省文理科前 100 名，我们东华高中有 25 人，其中 22 人是我们东华初中的毕业生。东华的高考和中考成绩，在整个东莞，乃至整个广东引起了高度的关注！如同两股飓风，再次强劲地刷新着人们对东华教育的认识。

其实，东华教育远不只高考和中考的成功。我们在德育、教学、活动、文化等方面已经独具特色。在“享受成长，体验成功”的理念下，东华学子的快乐感、成功感拥有很高的指数。东华，已经形成了一个令东莞人惊叹的“东华成功模式”，为万千学子打开了一条成功的通道！

同学们，今天，在我们欢呼中考取得骄人成绩的时刻，你们就要离开母校，去奔赴新的征程。

人的一生，其实是分段的。这段路走完了，又要开始一段新的里程。从这里，走到那里；从这里，走向远方。

在这里，你们生活了三年，在东华这片土地上，你们从懵懂的孩子，成长为有梦想、有追求的少年。东华，只是你们人生路上的一个驿站，但是，这个驿站，一定是给你们留下深刻印记的驿站。在你们心中，所有打着东华烙印的记忆将伴随着你们行走于今后的人生之路。这里，有你们的欢笑和眼泪，有你们的汗水和收获，有你们的成功与失败，有你们的追逐与梦想！这里所有的记忆，都是你们一生的财富，永不贬值的财富！

这里，是你们梦起的地方，花季、雨季的梦，在这里绚丽多彩。这里，是你们破茧成蝶的地方，三年前那一个个稚气未脱的孩童，今天，就要展翅高飞。东华三年，对每一个同学来说，都是一种锻造和磨炼。这里，有严明的纪律，有浓厚的学风，也有许许多多无私奉献、教学水平高超的老师。你们是幸运的，你们在这里遇到了一批暖心的、呵护你们成长的老师，他们把心血给了你们，把真爱给了你们。

今天，你们就要从这里出发，走向远方。老师希望你们走得快些，不断超越他人。但是，老师更希望你们走得远些，走得稳健、快乐一些。这里，是你们心灵的港湾和精神的家园，不管你们走多远，老师的牵挂在这里，老师的期盼在这里，老师的爱在这里，东华的大门永远向每一个学生敞开！在你们疲惫和失意的时候，老师等你们回来，听你们倾诉；在你们成功和快乐的时候，老师等你们回来，与你们分享！

记住，东华是你们永远的家！

今天，你们就要远行，离开生活、学习了三年的母校，去一个新的地方。此时此刻，你们的心情一定和老师一样，不舍，留恋！似乎每年，老师都要经历这样的离别。一批批的学生，长大了，懂事了，成熟了，然后，要走了。

但是，老师知道，已经长大的你们，需要去远行。因为前方有梦想在等着你们去追逐，有成功在等着你们去实现。

同学们，人生的路，慢慢向你们展开，你们该如何做好选择？如何走好每一步？

首先，老师希望每一位同学要做一个好人，做一个善良的人，做一个有品位、有修养的人，做一个对社会有用的人，做一个有责任、有担当、有理想、有本事的人。

未来的社会充满种种诱惑，同学们，你们一定要明辨是非，靠自己的努力合法得到的东西是珍贵的，不劳而获、违法的事情任何时候都不要去做。从东华走出去的学生，应当是具备开阔胸襟和高远视野的高品位的人。

未来的社会充满着残酷的竞争，同学们，你们一定要勇敢地面对。打好基础，学好本领，拥有强健的体魄和乐观的心态！未来的路上，失败不可避免，困难会时时出现，但是，请记住，什么样的困境都阻挡不住有理想、有志气、有信心、敢拼搏的人！

离别的时刻即将到来，作为你们的校长，我希望每一位同学永远记住母校，永远感念东华，永远感恩老师！老师是你们永远的老师，东华是你们永远的东华！老师会永远关注和牵挂你们！

我希望每一位同学走好自己人生的每一步。属于你们的天空很大很大，无限的精彩在等待着你们。

在你们即将离开母校的时候，我提议，请全体同学，用你们最热烈的掌声向你们的恩师表达最真挚的感谢！

最后，祝同学们前程似锦，一帆风顺！

开启壮美人生之路

——在2016届毕业生百日冲刺动员大会上的讲话

各位同学、各位老师、各位家长朋友：

晚上好！

今天，对我们初三年级2600多名同学来说，应当是一个难忘的日子。因为，今晚学校所有的行政人员，毕业班所有的老师，还有部分家长，聚集在这里，和你们共同见证中考前最辛苦、最紧张、最激动、最辉煌的100天历程的开始。

人的一生有很多难忘的节点，正是这些节点，串起我们成长过程中美好的记忆，牵引并激励着我们迈着坚定的步伐一步步走向远方。

我相信，今天晚上的盛典，会给每个同学留下深刻的记忆。因为，我看到了一颗颗激情澎湃、自信豪迈的热血之心，我看到了初三年级全体同学令人振奋的不一样的风采！

我欣赏你们！为你们感到骄傲和自豪！

亲爱的同学们，我是看着你们走进东华园的，转眼间，你们在东华初中读书的日子只剩下短短的100天。在我们感叹时光易逝的时候，在我们今天为中考举行冲刺盛典的时刻，我们该留下怎样的思索？

与三年前的你们相比，你们的确长大了——不但个子长高了，颜值增加了，更重要的是，你们懂事了，成熟了，懂得了责任与担当，心中有了梦想，并有了为之奋斗的勇气和力量！所以今天，作为校长，我不想只和你们谈中考，中考的话题你们听得太多了。我更想和你们聊聊人生，聊聊我们这个社会，聊聊这个时代。

也许有的同学会说，话题太大了吧？不，这个话题是需要你们这个年龄的孩子思考的。只有对人生，对社会，对我们这个时代有深刻的理解，你们才不会迷茫，心才会无所畏惧！

同学们，我认为，人生应当是一段精彩的历程，它不应是一场慢跑，而应当是一次快乐的奔跑！因为我们每个人只有短短的不到百年的生命，慢跑只会让我们像蜗牛一样浪费生命，看不到更大的世界。而快乐的奔跑，则会让我们在奔跑中找到进取的快乐，欣赏到远处更壮丽的风景。很难想象，一个不会奔跑、不愿奔跑的人，生命会有多少精彩。

别相信社会上、网络上那些自称人生专家的人鼓吹的理论，什么生活要享受，人生要尽欢，行乐在当下。那是对你精神和意志的麻醉！你一旦被麻醉，只能像行尸走肉一样碌碌无为，荒废一生。

我们正处在一个飞速发展的时代，这个时代崇尚的不应是金钱和权力，而应是知识与能力。试想，历史上有几个高官、富豪名垂青史？而那些推动社会进步、改变人类生活方式的智者却被人们永远记住。当今，这个科技快速更新的网络时代，给所有有志的年轻人提供了实现梦想的机会，你为什么不去奋斗呢？

再谈中考，中考是什么？

现在，有人害怕中考，有人排斥中考，有人错误地理解中考，也有人妖魔化中考，认为中考和高考是中国应试教育的助推器。我不否认我们的中考和高考存在着应试的片面性，但是，中考以及你们三年后的高考，就是对你们知识与能力的检验。没有这个检验，你们如何拥有存在感？国外的教育也有考试，而且考试的领域更大，内容更多。在这个优胜劣汰的时代，不可能没有考试。人生处处是考场，你连一个小小的中考都要回避，都不敢与别人一比高下，今后如何在社会上立足？

100 天之后的中考，是你们和东莞五万多名同龄人在同一天的第一次比拼，比知识，比能力，比内在的实力和底气！而中考前的100 天冲刺，则比的是意志，比的是坚强。也许，这100 天，你没有别人跑得快，但是，追赶也是一种享受；也许，这 100 天，你暂时冲在别人前面，但是，后有追兵的压力和被追赶的紧张更是一种刺激！我认为，在中招的考场上，没有人是失败者！只要你足够努力，足够拼搏，足够自信，只要你敢于超越自己，不给自己留下遗憾，你就是当之无愧的勇者和胜者！今天，你们付出的是辛苦，收获的不仅是成绩，更有丰富的精神！而精神上的收获，将是你们一生的财富。

东华，从来不把分数当作唯一，中考只是你们现阶段需要经历的一段难得的人生赛跑，它会给每一个成长中的孩子带来不一样的人生体验，我们当然要认真面对。

同学们，今晚我们聚集在一起，如果说是为了冲刺中考的动员，还不如说是前行路上的一次精神武装和展示。你们每个人都需要内心的强大和自信。纷繁的社会，飞速前进的时代，很多人已经忘记了什么是吃苦，什么是励志，什么是没有苦中苦难有甜上甜。把今晚当作一次励志的盛典吧，它会让你有一种自我的超越和精神的洗礼。

所有的老师都将和你们一同走过充满刺激和诱惑的 6 月，在 6 月 19 日那天，我们的老师将会穿上最艳丽的红色服装，送你们步入中招的考场。在中招的考场上，东华从来没有输过，东华的学生每年都是东莞这块土地上的佼佼者！今年，你们同样优秀，同样会是独占鳌头、笑傲群雄的胜利者！

在东莞中小学，现在流传这样一句话：“你那么厉害，不会是东华的吧？”是的，东华的学生就应当厉害，不但成绩厉害，能力、素质、修养各方面都应当厉害！必须厉害！

今天，我还想再加几句话，东华的学生为什么不冲在最前面？不愿意吃苦，不敢去竞争，不敢向高手挑战，不愿意通过努力让自己更加优秀——你来东华做什么？东华就是塑造优秀、追求卓越的地方！

同学们，把百日后的中考当作一次拼搏的盛宴、一次精神的修炼和生命的狂欢吧，让它开启你们壮美的人生之路！

未来即将在你们面前展现出无尽的魅力！

胜利和荣耀永远属于那些坚定的前行者！

（2016 年 3 月 13 日）

让明天的你为今天的你喝彩

——与 2017 届学生探讨中考意义

亲爱的同学们：

晚上好！

近三千人的豪情聚集所产生的能量和气场，足以令人心神激荡。

我一直认为，人，是需要一种精神来支撑的。今晚，距离中考一百天的日子，东华初中“2017 中考队”所展现的就是一种一往无前、舍我其谁的精神！为你们点赞！孩子们。

每年中考，我们东华都是站在东莞市的最高处傲视群雄！作为 2017 届毕业生的你们，我相信，同样也会不辱使命！

今天，我想和同学们探讨的是，中考的意义是什么？

1. 更多的承载，意义已超越考试本身

我从来不认为你们一百天之后的中考和三年之后的高考，仅仅是选拔性的考试，它一定有更多的承载和更为丰富的内涵。就人的一生来看，6 月的中考，其意义早已超越考试本身。备考的压力、辛苦甚至煎熬更像是对一个人意志的历练、精神的锻造。不经历这个过程，你会失去很多，你的人生可能会因此缺失重要的一环，而产生终生的遗憾。

在百日冲刺的过程中，你将享受到竞争的刺激、拼搏的艰辛和成功的快乐。也许，你感受不到任何的快乐，一百天带给你的可能全是压力、痛苦和失败。但是，若干年之后，相信这些经历都会成为你弥足珍贵的记忆，成为你人生永久的财富。

与成千上万的同龄人在同一时间参加同一标准的知识和能力比拼，如同万马奔腾，比的是速度、汗水，比的更是强大的内心和坚毅的决心。中考，你的人生第一役，已具有不一样的价值和意义。

人生路上，每个人都不可能绕过某一段必经之路，每一段路都是命运给你的最好安排。正视它，坚强地跨过去，这应是你此时正确的心态。

2. 更多的体验，收获已不仅仅是分数

社会上，有些人在妖魔化中考和高考，认为中国的中考和高考是对学生身心的摧残。我不否认有的学校备考超出了学生的承受能力，但是科学的备考必须有适度的压力和竞争，必须有追赶和被追赶的紧张，必须有酸甜苦辣、喜怒哀乐的多重体验。否则，备考就会失去真正的意义。

学习，本身就是一件花费时间、消耗体力、投入精力和忍受孤独的活动，“轻轻松松好成绩，不劳而获拿高分”绝对是个伪命题。请记住，学习从来都不是一件快乐的事情，除非你的内心可以超越痛苦，用意志、理想和信念“化苦为乐”。东西方几乎所有的学生概莫能外。你相信美国的中学生天天在玩吗？你相信西方的学校没有考试吗？你相信世界著名的牛津大学、剑桥大学、麻省理工大学等可以自由进入、轻松毕业吗？只有弱智才会相信。美国哈佛大学录取比是 0.06%，日本东京大学是 0.19%，清华大学、北京大学是 0.04%，你要进世界级知名学府，聆听大师讲学，与精英人士同行，你不努力，不去竞争，岂不是白日做梦？而东华的学生从 2001 年建校之初就具备了能够吃苦、敢于拼搏、敢为人先的强大基因，东华的精神浸润了一代又一代的东华学子，你已经毕业的学兄学姐有的已开始在社会的各个领域崭露头角，你不愿意吃苦，不敢去竞争，不敢向高手挑战，不能冲在最前面，不愿意通过努力让自己更加优秀，你来东华干什么？东华就是塑造优秀、追求卓越的地方！

社会上，也有些人在给中考和高考盲目地贴标签，认为抓备考就是搞“应试”。我不否认有的学校机械重复性的训练耗费了学生大量的精力，但是，一百天的备考冲刺，将三年的知识编织成一张网，来一次总归纳，总积累，总检阅，总训练，总落实，为以后的学习打下坚实的基础，这不是简单的应试，而是学习素质和多种能力提升所必需的。况且，备考的过程不是仅有知识的学习，还有温故知新的感悟、同伴互助的奋进、抗挫能力的提升、个人心智的成长以及人生梦想的修正。所以，百日冲刺是你收获最丰厚的一百天，是你成长最快的一百天，是你用心感悟成功与失败、体验快乐与痛苦、超越梦想与极限、开启壮美人生之路的一百天！中考，你收获的绝不仅仅是分数和成绩。

3. 更多的积淀，只为明天对今天喝彩

同学们，我们处在一个飞速发展的时代，它如同高速前行的列车，稍微的懈怠与迟滞，你便会被时代的列车抛弃。今天的你所做的所有事情都会让未来的你为今日的你埋单。今天你的表现就是你明天的影子，你今天的状态就是你明天的折射。

想停下来吗？好吧，千百万优秀的人已经从你的身边飞奔而过。

想偷懒吗？好的，命运早就给你设计了一个付出与收获的正比例公式。

今天的备考，不但是你对今天的证明，更是你在为自己的未来人生积累资本和能量，为自己今后的路积淀一种人生不可或缺的竞争智慧和攻坚克难的勇气。人生是一个曲折、坎坷的历程，后面的路是否精彩取决于前面的路你是否做好充分的铺设。明天的你是否会为今天的你喝彩，取决于今天的你以什么样的姿态去走今天的这段路程。那些今天拦住你的所有困难、痛苦，只要你能咬紧牙关战胜它，明天的你一定会变得足够强大，而足够强大的你定将在未来战无不胜！

“甘将心血化时雨，润出桃花一片红。”你的未来有无尽的魅力，而今天，就是最好的开始！

来吧，2017 届的勇士们，让我们一起走过这难忘的一百天！

（2017 年 3 月 6 日）

人生是一程“欢渡”

——在 **2017** 届初三学生毕业典礼上的讲话

亲爱的同学们、尊敬的老师和各位家长：

大家好！

前些天，一位神秘的人物问我：“你们学校有校花吗?”“校花”? 我有些惊讶。我告诉他，我们学校有 12000 多名学生，仅初三年级就有 2600 多名学生，女同学个个美丽，都是“校花”；男同学个个帅气，都是“校草”。那人笑着说：“我说的‘校花’不是这个意思，是指校园内种植的能代表学校精神和特质的花。”我想了想，还真没有。于是，周末到花市寻找。一位美丽的女子听说我是老师，送给我一包花种，说：“你去种这个吧。”我问：“什么花?”她说：“是蒲公英。”

蒲公英? 花开后随风自由生长、生命力顽强的蒲公英不正是我们东华学子的写照吗? 于是，我把那包种子带到学校，在东华山的山顶和山腰上分别找了两块地亲自种下，每天都要去看蒲公英是否长得好。虽然现在还未开花，但已经密密麻麻地长出了两大片。等你们再回母校，一定会看到蒲公英毛茸茸的小伞在飞扬。

这几日再去看蒲公英，心中开始产生些许伤感。我知道，伤感是源自即将离开的你们。

每年这个时候，老师都会有一种复杂的感情，既为自己的学生圆满完成学业，走过美丽而珍贵的花季、雨季而高兴，又因一批可爱的孩子将要离开学校走向茫茫的社会和漫漫的人生之路而产生无限牵挂。总是感到你们还很小，需要多一些关心；但有时又感到你们已经长大，需要更广阔的天空去翱翔；总是感到前路有许多不可测的东西在等着你们，担心你们会跌倒受伤，但又相信人生路上一定会有很多美丽的风景等待着你们去欣赏，你们终将长大，独立追求。因此，今天离别之时所有的拥抱、嘱托、凝视和眼泪，都是想把你们牢牢记在心中。声声重复的祝福，是老师在向你们传递心中的不舍和希冀。虽然知道你们还会回来看望老师，把你们的好消息常常告诉母校，但总感到你们是要出远门的游子，要走很远很远的路。

离别之时，想和你们谈谈人生。作为初中毕业生的你们，我想，人生这个话题也许不算太早、太大和太重吧。

人生是什么？我认为，人生是一段路，是一程行走，是一程“欢渡”。

人生的路并不是很长，在这亘古时空中，属于每个人的只有一条短短的“线段”。这一不太长的“里程”，你将如何“渡过”？

你必须有充分的思想准备，前面的路一定不会平坦。问题是，当你身处泥泞和荆棘之时，你将以什么样的心态去面对。

你必须清醒地认识到，命运绝不会给你太多恩赐。问题是，当命运对你不公时，你有什么资格和能力去抗争。

你必须时时告诉自己，世界上没有救世主，天地可容你，但不会救你。唯一能拯救你的只能是自己。问题是，你是不是已经练就本领，让自己足够强大，特别是内心的强大，在需要时可以自救。

你必须让自己知道，今天，你正乘坐一列飞速奔驰的列车，穿行于瞬息万变的大时代。你稍微迟疑或懈怠，便会被列车抛下。问题是，你能否稳坐列车并与这列疾驰的列车同步。

什么样的路，决定什么样的人生，什么样的价值。

在你们远行之前，我有“四点叮咛”，希望对你们有所启发。

一是“敬畏”。人性是一条很容易泛滥的河流，而“敬”和“畏”是约束人性泛滥的两个堤坝，没有这两个“堤坝”，甚至不去时时加固它，你会被贪婪和自私淹没。希望每位同学记住“敬畏”二字：敬畏规则，敬畏规律，敬畏道德，敬畏真善美，敬畏自然，敬畏头上的天空和脚下的大地。

二是“感恩”。感恩父母，是他们给了你生命和生活。感恩师长，是他们给了你认识这个世界的知识和生存技能。感恩所有给你关心与帮助的人，也许他们的一句忠告与提示可以让你少走很多弯路，也许他们一个小小的抬举与帮助会让你拥有平步青云的机缘。感恩这个世界，感恩命运所有的赐予，快乐与痛苦你都要照单全收。因为，这都是你人生的财富。

三是“修炼”。人生最大的成功不是中考和高考的成功，而是做人的成功；最大的失败也不是成绩和名次落后于他人，而是做人的失败。而做人是我们每个人终其一生必修的功课。因为我们永远都不会完美，但我们可以让自己无限接近完美。而接近完美的过程就是我们走过人生之路的价值。

四是“坚持”。坚持你心中认定的美好，切忌朝秦暮楚。坚持你心中的善良，那是你人性的光辉，切莫因世俗的诱惑而轻易丢弃。坚持你对道路的正确设计，一旦确定，就要风雨兼程，矢志不渝。切莫浮躁，切莫骄横，切莫随波逐流，切莫忘记初心。

我希望从东华走出的每一个学生做道德的规范者和梦想的追求者。李胜堆董事长提出的“心中有祖国，肩上有责任，身上有正气”，已经明确地给出东华教育的希冀。相信你们一定会律己修为，完善自我。

我希望从东华走出的每一个学生都不屈于命运，不屈于世俗，不屈于强者，时时修炼自己，让自己拥有别人不及的黄金般的价值。

我希望从东华走出的每一个学生都能做自己的“上帝”，把命运掌握在自己的手中，练就足够强大的内心，让自己的人生无往而不胜。

我希望从东华走出的每一个学生都能把握时代的脉搏，在这个剧变的时代做勇敢的弄潮儿，笑傲这个世界，无愧自己的人生。

请记住，离开母校，从某种意义上说，你怎样，东华便怎样。因为，你已经被打上东华的烙印，你永远是东华的影子，东华的代言人。今天离别后，请不要让东华失望，每个人都应成为东华未来的骄傲。

一位游离许久的行者来到岸边，望着湍急的河流，不知如何渡过。他望着天上的飞雁，知道自己没有双翼；他望着水中的鱼儿，知道自己在水中无法呼吸；他望着随波逐流的浮萍，知道自己不愿意失去方向。太阳慢慢西斜，他知道一天很快就要逝去。正在悲叹之时，一渔翁唱着渔歌驾一叶扁舟翩然而至。

渔翁问：“到何处去？”

行者曰：“想去彼岸，可否送上一程？”

渔翁说：“人生是单程，没有人能送你全程，今日有缘，姑且送你一段。”

于是行者坐上渔翁的小舟开始渡河。舟很小，水很急，浪很大，行者很担心自己会落入水中。

渔翁问：“习水性吗？”

行者曰：“习。”

渔翁又问：“会划桨吗？”

行者又曰：“会。”

渔翁微笑颔首曰：“习水性，会划桨，如能去卑怯，弘气魄，这条河，任你渡！”

渔翁将双桨交给行者，踏浪而去。

行者大怯，慌忙呼喊："我一人怎样渡河？"

远处传来渔翁的声音："你本可自渡，何惧之有？欢渡，欢渡！"

同学们，人生就是一程"欢渡"，愿你们做一个风雨无阻、快乐自信的"水手"。

祝你们前程似锦，一路芳菲！

（2017 年 7 月 13 日）

写给参加高考的学生们

今天是高考的第一天，我想和参加高考的学生们谈三个话题。

1. 考试是什么

考试，人的一生绕不开的话题，逃不过的坎。尤其是当代的学生，特别是中国的孩子。

学业与考试本是一对孪生兄弟，理应快乐相处。可是，很多学生因厌恶学业而诅咒考试。

诅咒考试？没必要！

没有考试，贪玩的少年如何克服惰性一心向学？

没有考试，如何检验你的学业水平？

没有考试，僧多粥少的大学如何选拔学生？

没有考试，如何把竞争引入社会？

没有考试，就没有门槛，没有门槛哪有公平？

考试本身没有错，问题是如何考试才能达到考试的真正目的，考试的极端化带来学生的畸形发展才是被人们广为诟病的根源。

一次考试，仅仅是一次证明；一个分数，只是部分知识和能力的检验结果。可是今天的高考却扮演了“一考定终身”的角色。这是当下中国教育的无力和无奈。

但是，我要告诉学生们，我们没有穿越未来的超能力，我们只能生活在当下，因此，我们必须面对现实。

做学生不应讨厌分数，也不应回避名次。一次考试的高下也是高下，而多次的高下有可能就是你学业水平的高下。只是，我们的心态不应以分数和名次为唯一。

现实是，国人赋予了考试太多的承载，尤其是高考。

2. 高考到底有多少承载

现在是上午八点，考生很快就要进入考场，不，分明是“战场”！

恐怕路上的交警早已上班，一切车辆都要为考生让路。

我们的老师全都穿上了红色的服装，那是最深切的祈愿。

父母一大早起来，伺候孩子吃好早餐，和孩子一起出发。孩子进入考场，后面留下父母厚重的期待，孩子的后背因父母目光的灼热而刺痛。

考场的大门徐徐关闭，考场内考的是学生，考场外考的是家长和老师。

今天的新闻，高考是头条。

今天的关注，高考是焦点。

当社会把重心投向高考，学生的负荷可想而知——为家族争光！为人生奠基！为梦想而战！向祖国汇报！向人民交卷！向成功进发！

太多的使命让考生承担。

中国的学生自古以来就因考试背负太重的负担而累。

古人云，“十年寒窗无人问，一举成名天下知”，是为名而累。

俗语云，“鲤鱼跳龙门，飞黄腾达时”，是为前途和地位而累。

考取功名所说的“千钟粟，黄金屋，颜如玉，车马多”，是为外物所累。

其实，这个时代，“名”已虚化，“风骚”能领几时？每年千百大学招收万千学子，即使考入名牌大学，名噪一时，也是过眼烟云。看似“一考定江山”，其实，即使从哈佛大学、牛津大学毕业也是书生一介，尚需社会历练方可成器。而物质只是你价值的副产品，一味追求外物终将让你迷失本真，而本真的追求方是你真正的财富。

未来社会，当学习打破边际的壁垒，高考将会进入另一个境界。

高考，只是阶段性价值的体现。

3. 高考，一场青春的际会

把高考当作一种体验和历练，或者当作一次成长的见证吧。它没有那么神秘，不必神化，更无须妖魔化。

如同参加一场期待已久的青春际会，这个年龄，年轻人不应缺席。

你会有怎样的精彩？

为了这个盛会，吃点苦也不为过。只是，请让压抑和焦虑走开。

今日的盛装出席，是为了表达对青春的尊重，因为，这是你青春的盛典。明天的自己是否为今天的自己喝彩？今天的自己能否为明天的自己领跑？这是高考应有的意蕴。

在人生最美的季节，高考让你丰富。多年的积累，你的心智已成熟。带着高考的积淀，快乐地去走前方的路，前方有无限可能。

收获的喜，失落的悲，成功的笑，失败的哭，都是成长中的风花雪月。

把心放大，放开，放远，高考也有浪漫。

（2016 年 6 月 7 日）

在最美的季节，任性地成长

——给全体学生的一封公开信

亲爱的同学们：

站在新春的门槛，翘首伫望花季的风景，你们有怎样的心绪？

首先还是要把美美的祝福送给亲爱的东华学子：祝愿你们个子高高，青春靓丽，笑容灿烂，心情阳光，实现所有美好的所思所想。

春天，是任性的季节。看百花姹紫嫣红，竞相任性地怒放，你是盛开的哪一朵？

同学们，人生的旅程中，有一段路最为珍贵，有一个季节最为烂漫，这便是中学时光。如同蓓蕾初绽，开始享受春风的抚慰；如同小溪潺潺，开始领略两岸的多彩风光。

东华，是你人生中一个美丽的驿站，在这里，老师有缘与你遇见。

老师希望你快乐地成长！微笑是上帝赐予我们的最美花朵，请你带在身边。生活中有彩霞，也会有乌云，而快乐则是我们行走人生、驱散阴霾的暖阳。

老师希望你自信地成长！一个独特的你，谁都无法替代，不要总是羡慕别人所长，你身上同样有很多人嫉妒的优点。

老师希望你坚强地成长！我们只看到参天的大树，你可知风雨对它曾经的摧折？我们只看到雄鹰的翱翔，你可知它有曾经折翼的忧伤？成长不是偶然，成长是执着地、义无反顾地前往。

老师希望你快速地成长！世界正以加速度向前飞奔，不要放慢你的脚步，未来将给你带来更多炫目的精彩。敞开心扉，接纳新知，放飞梦想，在信息世界里自由地徜徉。

老师希望你任性地成长！世界是多样的，个性理应张扬。在这段美丽的时光，让自己任性地成长，而不是胆怯地彷徨。在真善美的路上任性，在知识的海洋中任性，在智慧的累积中任性，在大任于肩的担当中任性。任性地成长，执着地成长，不懈地成长，傲然挺立地成长！

在这最美的花季，孩子们，你们的任务就是任性地成长！

花丛中，清澈夺目，那是你如露的眸子在闪烁；春光灿烂，那是你如花的笑靥在绽放；芳香袭人，那是你青春的气息在荡漾。如花，如露，如朝阳，如春风，如春日的小溪，如冬日的阳光……这一切，就是你留在老师心中最美的印象。

孩子们，也许你们真的不清楚，你们在老师的心中有多么美好的形象！

岁末，岁首，东华在这里静待花开，老师在这里温馨守望！

同学，你好！向前，成长！

走好你的每一步

——在东华初中毕业典礼上的致辞

亲爱的同学们：

今天，你们就要毕业了！

离别总是让人难过，但是，人生不都是在不断的相聚和离别中度过的吗？因此，我们不必有太多的离愁别绪，今日的离别是为了明日的幸福相聚。老师知道，这里有你们最深刻的记忆，你们把最美的年华留在了这里。老师也相信，你们还会回来，带着荣光回来。

离开一个地方，向前走，心中一般会有两种心情：一是留恋，二是向往。

前行之际，我要告诉大家的是，一旦确定好方向，选择好目标，就要义无反顾地坚毅前行。前方，有无限可能，更有无限精彩！

人生的每一步都很重要，积跬步方可至千里。今日，你们的远行，牵动着所有老师的心——希望与祝福，期待与担忧，如同自己的孩子就要出远门，有太多的牵挂。今后，你们能否走得好？是否走得顺利和开心？风雨来了怎么办？跌倒了能否重新站起来？老师不能再陪伴你们，只能注视着你们的背影，向你们道一声：珍重！

今天，我想请同学们记住“四个更重要”，这是作为校长的我给你们临别赠言的主旨语——做人比学问更重要，方向比目标更重要，心态比梦想更重要，过程比结果更重要。

1. 做人比学问更重要

先谈做人。也许有同学说，做人的道理我们都懂。其实，“学做人”是需要我们一生去修炼的。一个人来到这个世上，第一要学会做人。不会做人，即使学问再高，也是这个社会的废品，甚至危险品。前行的路上有很多的诱惑，每个人的内心都潜伏着“自私”的魔障，如果我们不注重修炼自己，很容易成为利己主义者、功利主义者。

要切记，心存良善，帮助他人。做一个有修养、高品位的人，这比你的学业更重要。

微信上有一段话讲得很好：“一直善良下去，总会离幸福更近。你对别人所做的一切，最终都会返回到你身上。不论你伤害谁，从长远看，你都是在伤害自己。你给予他人，你为别人付出，其实，真正获利的不是别人，而是你自己。”

“成功金三角”中有三个要素，即德商、情商和智商。其中德商是第一位的，没有德商，即使你再聪明、再会处理各种关系，你也一定不会走向真正的成功。

2. 方向比目标更重要

日本四大“经营之圣”之一、著名企业家稻盛和夫曾经提出一个“人生方程式”：

人生的结果=思维方式×热情×能力

他认为，三个因素中，“思维方式”最重要，因为它决定一个人的人生方向。方向错了，能力越强，热情越高，其结果越糟糕。“思维方式”一旦是负数，三者相乘的结果就是一个绝对值很大的负值。世间很多看似聪明的人，一生一塌糊涂，一无所有，最终下场悲催，就是因为思维方式出了方向性的问题。

东华教育集团董事长李胜堆先生对东华学子有着殷切的期望，他希望东华培养的学生要具备“三有”：心中有祖国，身上有正气，肩上有责任。他多次强调，东华的学生首先是要做好人，然后要做一个有修养、高品位的人，最终要成为一个内外兼修、对国家和民族有贡献的人才。同学们，这个成长的方向希望你们一定要牢牢把握。

3. 心态比梦想更重要

心态决定你的生存状态。

一个内心阳光、喜悦的人，遇到的所有事情都会是好事，而一个内心阴暗、痛苦的人，碰到的所有事情可能都会是坏事。坚毅、强大而又充满正能量的心态，会让你在实现梦想的路上无往不胜。请记住，真正内心强大的人，一定有一颗平静、博大的心和一个理性、智慧的头脑。经历过狂风暴雨，体验过高山低谷，见识过人生百态，你内心的容量就会无限大，你与梦想的距离就会无限接近。

微笑是世界上最美的花朵，理性是世界上最大的智慧，宽容是世界上最高的人品，自律是世界上最大的力量。追求梦想的路上，有时需要你一个人行走，有时需要你和一群人结伴而行，不要奢望前方总是坦途，一定会有荆棘和挫折等着你！你要做好充分的心理准备。要耐得住寂寞，不随波逐流；要守得住初心，不被诱惑俘虏。要用明亮的眼睛快乐看世界，切莫用忧伤的心情悲观地生活。光明从黑暗中走来，黑暗永远会与光明相伴。这个世界不存在完美，但是我们每个人必须快乐地去追求完美，只有如此，我们的人生才有意义。

4. 过程比结果更重要

我曾经和老师们说过，见证一个开始，拥有一个过程，比单纯享受结果更加幸福。每个人都希望拥有成功，拥有一个令人艳羡的结果，包括金钱、财富和名利。其实，如果获得这些可以称为成功的东西，不需要自己经历一个奋斗的过程，那么，没有人会珍惜。

一步一个脚印地向前走，在行进过程中感受酸甜苦辣和喜怒哀乐，所有的体验都是人生永恒的记忆，而这些记忆都将成为自己宝贵的财富！

同学们，生命是一个过程，绝不是仅仅为了一个结果，向着你的目标前进，别忘了欣赏你左右的风景。

我们东华今年的中考将再一次刷新东莞的历史。但是，对东华教育来说，中考的成功只是一个亮点和界面，东华教育的追求是，让学生幸福、快乐、全面地发展！我们之所以重视并珍惜备考的经历，正是为了让你们懂得过程比结果更重要。

同学们，我们感叹时光易逝，但是我们却抓不住时光，我们只能珍惜我们生命中的分分秒秒，用心去享受。我知道你们中间有很多人私下称呼我为“标哥”，其实，我喜欢这个称呼。多么亲切！多么年轻！多么潇洒！多么帅气！“标哥”这个称呼会让我永不老去。我希望你们十年、二十年之后再回学校来看我，我依然是今天的样子。

“标哥”在这里等你们回来！

同学们，感谢你们把自己最美的年龄给了东华；也感谢你们的父母把最大的信任给了东华。在你们心中，东华一定给你们留下了很多的记忆，无论欢笑与眼泪，成功与失败，都是你们成长路上的宝贵财富。

三年来，东华也把自己最真挚的呵护和最细腻的关爱给了你们，陪伴着你们从一个懵懂的孩子成长为今日有梦想、有品位、有担当、有追求的阳光少年。

今天，东华要把最美的祝福送给你们：祝你们一生快乐，一生幸福！前程似锦，前途无量！

（2016 年 7 月 1 日）

精神的成长

——与初三学生谈中考

中考，这个近来被老师、家长和同学重复过无数次的词语，即将在 100 天后变成事实来到你们身边，并可能影响你们今后的人生之路。

中考的意义是什么？为了考上一个理想的高中？为了三年后考上一个更好的大学？如果仅仅这样理解中考乃至三年之后的高考，那就太肤浅了。

其实，中考和高考是学生成长过程中必须跨越的两个学业门槛，跨越的过程有竞争，有压力，更有辛苦之后不一样的体验和收获。这种特殊的体验和收获，我认为就是自己精神的成长。

什么是精神的成长？

是内心的觉醒，是意志的磨炼，是自我的超越，是理想的奠基。

1. 内心的觉醒

你在即将结束初中生活、迈向新的人生阶段的时候，应开始思考三个问题：一是将来你要走什么样的路、过什么样的生活。二是在这个飞速发展的时代，你要成为什么样的角色、实现什么样的人生价值。三是今天你是否愿意为自己心中的梦想付出努力和辛苦，将采取什么样的行动一步步接近和实现梦想。

思考人生的大问题，是你内心觉醒的开始。

常有同学问我，老师，人生的意义是什么？学习又是为了什么？作为学生，你听过太多空洞的说教，我想告诉你的是，人生就是为了追求幸福，为自己，为别人，同时也是为这个社会。

什么是幸福？是安逸和享乐吗？是无所事事、随波逐流吗？是物质的占有和随心所欲吗？都不是。问问自己的内心，幸福应该是因自己的价值被这个社会认可的一种愉悦，是通过自己不懈努力终于实现心中梦想的一种人生体验。

幸福，并不是天上掉下的馅饼，它是汗水和泪水的凝聚、辛苦和痛苦的累积、拼搏与坚强的集大成。当你历尽艰难实现了自身价值和人生梦想的时候，你就是一个幸福的人。

而今天，你为学业而付出的所有辛苦和努力，都是为了让自己的未来拥有真正的幸福，使自己幸福的同时，使别人幸福，使社会幸福。

你有幸成为东华的学生，这是一个崇尚拼搏、播种梦想的学校。请记住，东华允许你不优秀，但不允许你不努力！暂时的不优秀不代表你永远的不优秀，只要你把努力带在身上，优秀终会属于你，而幸福一定就在不远处等着你！

2. 意志的磨炼

人如果没有坚强的意志，将会一事无成，而意志需要磨炼。青春的你，请不要畏惧磨炼，如金子，打磨才有光。

还有100天，中考就要到来。请不要仅仅把它当作一次给你带来压力的考试，更不要以“应试教育”的罪名抵触和反对它。它其实是自己现阶段磨炼意志的最好机会。

100天，来一次三年知识的大梳理、大检阅，不好吗？

100天，来一次竞争中有收获、辛苦中有快乐的拼搏，不好吗？

100天，要一个对自己是勇者还是弱者的鉴证，不好吗？

100天，让自己的内心变得足够强大，不好吗？

100天，为自己今后的人生积累一份自信，奠定一份精神的财富，不好吗？

100天，开启又一段壮美的人生之路，向自己的青春献礼，不好吗？

若干年后，回首这100天，明天的你会感谢今天的你，只要你不畏惧它，不逃避它，不浪费它，不辜负它，你会收获很多中考以外的东西，那将是你一生的珍宝。

两千多年前，一个被称为孟子的老人，在历史的时空中一直给后人叮咛着千古流传的经典话语："天将降大任于是人也，必先苦其心志，劳其筋骨，饿其体肤，空乏其身，行拂乱其所为。"他"生于忧患，死于安乐"的忧患意识直到今天还警醒着贪图安逸的人。

3. 自我的超越

优秀者跑在前面，回望后者，有领先的骄傲，也有对后者的轻视；落后者辛苦地追赶，追不上前者的步伐，会有失败的沮丧，也可能会有自我的否定和放弃。

我要给优秀者说的话是，跑在前面的你不要自我陶醉，你若懈怠，随时都有可能被人超越。

我要给落后者说的话是，人生是一场马拉松，不是百米短跑。如果今天你落在后面，请不要灰心，更不要轻言放弃。也许今天你无法超越别人，那就先超越自己，调整自己的目标和参照物，让今天的你超越昨天的你，明天的你超越今天的你。只要不停下自己的脚步，总有一天你会超越一个又一个前行者，成为别人羡慕的领先者。

100天，你可以放弃自己100次，你也可以超越自己100次。

100天，你可以为自己找100个理由停止奔跑，但你只需问自己一个问题："我是不是甘心做一个永远的失败者？"

请相信精神的力量，只要精神不垮，你一定会成为崛起的昆仑，因为这个世界上没有永远的王者！

4. 理想的奠基

理想是座山，今天我们所做的一切努力都是在为攀登这座山而积蓄力量。

100 天后的中考，三年后的高考，以及走向社会后来自命运对你的种种考验，其实质都是你个人含金量的积累，都是你人生理想的奠基。

“合抱之木，生于毫末；九层之台，起于累土。”一步一个脚印，一石一个台阶，总有一天你会站在理想的顶峰，为勇于攀登的自己点赞！那时，你也将欣赏到更多更美的人生风景，真正体验到幸福的真谛。

我们敬佩所有为理想锲而不舍、勇于追求的人。

中考，人生中的一个小考，不要给自己太大的压力。吃好，睡好，生活好。

中考，人生中的一个历练，小考中会有大收获。实现自己精神的成长，是多么优异的中考成绩都不可与之相比的。

（2018 年 3 月 12 日）

关于青春的三个比喻，说给我的学生听

2019 年的春天来了，学子们站在了青春的门槛。

青春是什么？草木青青，春意盎然，人生最美的时光。

青春是绚丽的，用多少精彩的词语形容都不为过。

一、青春，是春天里一棵即将伸向蓝天的绿树

她的任务，是成长！枝叶萌发，发荣滋长，向上，向上。

装扮这个春天，美丽这个季节，成就一棵大木。

一旦错过春天的成长，将会失去夏天的繁茂和秋天的果实，更不会拥有冬日的珍藏。

青春，是用来成长的，不是用来挥霍的。

二、青春，是人生中一棵光彩夺目的钻石

她晶莹剔透，而又珍贵无比。

晶莹，源自不染任何杂色的品质；珍贵，因其无与伦比的价值。

不负青春的学子，当修心修品修德，以高品位辉映青春之晶莹。

无悔青春的志者，当勤学博学恒学，以高价值成就青春之珍贵。

青春，是用来锻造的，不是用来作秀的。

三、青春，是天空中喷薄而出的一轮红日

红日初升，其道大光。那是不可阻挡的温暖、悦纳、突破、

创造的力量！

温暖的力量。把光与热送给世间每一个人，不偏不倚。

悦纳的力量。包容世间万物：高山，小丘，大河，沟渠；成功，失败，欢笑，眼泪。

突破的力量。穿越重重乌云，不惧风雨雷电，升入高空，照耀天下。

创造的力量。滋润大地万物，创造生机无限。

青春，当有红日之品质，温暖他人，旷达心胸，勇于挑战，善于创造。

请珍惜青春，在青春的日子奔跑，永不停歇。

来日，站在青春的尽头，学子应大笑高呼：无悔青春矣！

用你的青春赢得未来

——2019 年中考之前和毕业班学生谈公平与努力

还有 100 天，就是中考。今晚，我们以“百日”这一特殊的时间节点为标志，举行一个典礼，目的就是让我们的精神凝聚，意志凝聚，信心凝聚。

人生开始一段重要里程的时候，往往需要一种庄严的仪式来见证！

我知道大家很在乎 6 月中考的输赢。但是我认为，我们的眼光应该站在更高的视角看待中考的输赢以及其中蕴含的规律与启示。

想先与同学们探讨一下关于公平的话题。

一、你认为世界是公平的吗？世界是不公平的

如果公平，当今有的国家怎么会为所欲为，以强盗逻辑行事，想打压谁就打压谁，想发动战争就发动战争？如果公平，放眼世界历史，为什么会有永不消停的战争？曾几何时，大英帝国的殖民地遍布世界各地。曾几何时，八个国家的联合军队进攻某个国家的首都，逼迫这个国家签订赔款 4.5 亿两白银的侮辱性条约。世界一直有一个残酷的“丛林法则”存在，优胜劣汰，弱肉强食。如何赢得属于自己国家和民族的公平与尊严？励精图治，发奋图强，实现民族的振兴——我们国家已经开始了这个伟大的进程。

二、你认为社会是公平的吗？社会也是不公平的

如果公平，为什么会有地位的高下和贫富的悬殊？如果公平，为什么会有阶层的分化和身份的尊卑？人人都希望社会大同，人人都追求社会公平，但自己追求公平的资本是什么？在这个充满竞争的社会，你不努力，凭什么拥有你想要的生活和地位？你不为社会创造价值，凭什么让这个社会给你过高的优待？

三、你认为人生是公平的吗？人从一出生就注定不公平

有的人出生于富贵之家，别人可能终其一生都不能拥有其与生俱来的财富。有的人出身于权势之家，他人生攀登的起点就比你高了一个山峰。这就是命运。但是，你又怎知他现在拥有的就一定是他的，你现在没有的就一定不会拥有，你认命吗？如果认命，你将永无超越之时，也可能永远处于人生的低谷。人生的公平与否，取决于你是否屈从于命运的安排，是否具有改变的力量。

不要抱怨世界的不公平，也不要抱怨社会和人生的不公平。地面本来就不是平面，有高原，也有盆地；有山峰，也有湖泊。作为青春的你们，需要思考的是，如何通过自己的努力赢得属于你们的公平而美好的未来。

把思维放开，把眼光放远，你会发现，不公平的背后一定有一个公平的公式，那就是人生所有的付出与收获基本成正比！青春是需要奋斗的。即将开始的 100 天中考冲刺就是你们青春岁月的缩影。

1. 100 天，你的努力，终将成就无可替代的你

“天将降大任于是人也，必先苦其心志，劳其筋骨，饿其体肤，空乏其身，行拂乱其所为，所以动心忍性，曾益其所不能。”一切伟大的背后都有别人不知道的艰难与苦难！100 天，你们可以改变很多。如果你是一位成绩优异的学生，你可以让自己更加优秀，更加自信，可以稳固你的霸主地位。如果你是一位成绩中等的学生，

你可以弥补自己的不足，让自己无限接近优秀。如果你是一位成绩不理想学生，请不要灰心，你有无限潜能等着自己去发掘。总之，奇迹会在 100 天发生，只要你愿意付出，只要你敢拼善搏。你可能不是最出色的那一个，但是希望你是最努力的那一个。成功的路上并不拥挤，你只需坚持不懈地去努力，剩下的全都交给时间。

无论这个世界好与坏，无论公平还是不公平，无论现实残酷还是温暖美好，请记住：生活都不会辜负每一个努力的人！你的努力，才是改变自己未来的决定性力量；你的努力，终将成就无可替代的你。

2. 100 天，你的精神，终将成就一往无前的你

2019 届学子组成的 106 个班，有个响亮的称号，叫“虎贲之师”。什么叫“虎贲”？就是像老虎一样勇猛地奔跑去追逐猎物的勇士。战旗猎猎，号角争鸣，金戈铁马，气势如虹。在这样的队伍中，你本身就是一名铁骨铮铮、所向披靡的的勇士。

东华学子需要这种王者精神！需要东华人特有的勇气、志气和锐气！

经历中考一役，你们将会认识到奋斗的价值，获得人生的第一份自信，也将会藐视前行路上任何的艰难险阻，成就一个一往无前的你。

青春，应是一场疯狂而华丽的奔跑，奔跑中你会享受到无尽的快乐。今天你多少辛苦，明天就会多少甘甜；今天你多么努力，明天就会多么优秀；今天你有多少磨难，明天就会有多少荣耀！

你的青春你做主，你才是自己命运的首席执行官。

开始吧，年轻人，用你的青春赢得未来！

生活之语

永不凋谢的木棉花

清晨的校园里，一朵硕大红艳的木棉花在晨光中落在我的脚下。这才想起木棉花开的季节即将结束。

我竟还未好好看看今年的木棉花，它就要谢去了！

对木棉，我有一种特殊的感情。

17 年前，那个湿润温暖的春季，我从北国南下广东，第一次看到木棉树，惊奇于挺拔的枝丫上满是红花，竟然没有一片绿叶！哪有鲜花不需绿叶衬的道理？什么花儿竟敢如此傲娇地独自怒放？

广东的同事告诉我，这是木棉花。

从此，我痴迷地爱上了它，每年都急切地等待木棉花开的季节。

有人说，木棉花可以入药，泡茶。但是，我从不舍得如此。每当木棉花凋谢的时候，我都会捡起许多落英，把它们摆放在我的案头，每日静静地欣赏花托上那火红的花瓣，那绵密细腻的黄色花蕊。在与木棉的对视中，总感觉心会变得很柔软；但我分明又被它那高高的躯干上那迎着阳春丽日自上而下蔓延而泻的木棉花的红色气势所震撼！那不是一般的花开阵势，那是一树的花火一样地怒放！

是木棉的美丽、热烈和英气让我着迷。

学校的两个校区各有两棵木棉树。前些年，我在另一个校区办公，推开三楼办公室的窗户，就能看到两棵高大的木棉。什么时候花开，什么时候花谢，什么时候花苞再度微绽，我都了然于心。大大的玻璃窗，仿若相框一般框着红红的木棉花，那是独属于我的风景。我的办公室不需要其他的装饰就已春意盎然了。

我曾问过很多人，能否分辨出木棉树的性别？惹得他们笑我痴。其实，我认真地告诉他们，木棉是有性别的。那高大笔直、枝丫缀饰着木棉花向上延伸的，就是木棉树中的伟丈夫；而那花枝繁茂、婆娑多姿、有偎依侧倾之势的，便是木棉树中的娇女子。后来，我留意到，很多地方种植木棉树一般都是双数，很少让一棵木棉形单影只地独自生长。我知道，这被南方人称为“英雄树”的木棉，其实并不孤傲，其内心也有丰富的情感。

木棉花大多开在南方多雨的春季，有句词写木棉极好：“木棉花映丛祠小，越禽声里春光晓。”木棉花总是和春雨春光一起莅临南国的。有人说“梨花带雨”是一种娇美，其实，哪比得上那雨中绽放的木棉花。点点晶莹的雨珠让片片红色的涡轮般花瓣增添无限娇羞，花蕊中的丝丝嫩黄更让人心生无限怜惜。风中，木棉花从树上优雅地飘落，从不给人悲凉之感；雨中，她从高处旋转着落下，落英缤纷却从不褪色。一树的壮美演绎成一地的柔美，一树的豪放走向一地的婉约。分明，木棉花的凋落不是在与尘世别离，而是换一种生命的姿态，继续她的美丽。于是，我案头的木棉花即使枯萎，也会被我精心地安放——要么晾干，继续珍存；要么向林妹妹学习，将她葬于木棉树下，期待来年重生。

木棉花是我的钟爱。但是，我却又时时想起北方那些从不开花的树。

树皮光滑的白杨树，叶子大大的，圆圆的。风吹过，哗啦啦的声响如同阵阵掌声，让人振奋。我清楚地记得，我和我的小伙伴在树林中追逐放歌。秋天，大片的黄叶落下，我们躺在上面闻着特有的白杨的气息而沉醉。

树皮灰灰的、粗糙皴裂的榆树，总给人很丑的感觉，却让幼小的我们很容易爬上高高的树枝。香甜的榆钱，对童年的我而言，是春天最好的馈赠，“阳春三月麦苗鲜，童子携筐摘榆钱”，依稀记得，榆树上那个贪吃的小男孩，天黑了还不肯下来。

春天的河边，总有垂柳依依。清明时节，折下一段柳枝，轻轻拧一拧，将树皮里面的嫩白色枝条轻轻抽出，做成一个柳哨，尽情地吹着。春天，远处是柳烟蒙蒙，旁边是溪水潺潺，林中是鸟儿啾啾。

叶大如盖的梧桐树，第一次让我感受到“梧桐更兼细雨，到黄昏，点点滴滴”的忧伤。少年不识愁滋味，只是缺少一个忧伤来袭的契机。忧伤来了，孩子也就长大了。

长大了，就从北方来到了南方。带着北方的记忆，到南方寻求绚丽。

我知道，北方的很多树不开花，却缠绕着我心底的一种情结。

我知道，我忘不了北方的树，但又离不开南方的花。

我知道，我的骨子里有北方的基因，也有南方的梦幻。

我知道，北方给了我一种原始的精神，南方给了我一种追求的动力。

人的一生不可能拥有太多，有些需要珍藏，有些需要珍惜。

走过一个长长的斜坡，来到一个校区小广场，这是“东华山”的半山腰。

两棵高大的木棉树赫然出现在你的面前，你会感到一种震撼！

今天，我发现树上的花已经凋落殆尽，空空的枝丫伸向天空。花不落尽，叶不敢生！哪怕只有一朵木棉花，它也会笑立枝头。似乎，花已寥落的木棉树在一地落红的映衬下，更显挺拔。

值日的学生要把树下的花朵扫掉，我走过去，笑着说：“先让它们陪伴一下木棉树吧。”

一个女生伤感地说：“老师，看到木棉花凋落，我就想哭。”

我看着她，笑着说：“木棉花不会凋落的！”她不解地望着我。

“明年，木棉花还会开的。”旁边一个男生说。

我点点头说：“木棉花虽然从树上落下，我们不是依然记着它的美丽和精神吗？”

这时，又一朵木棉花落下了。我俯身捡起，细细地凝视着大大的花碗，发现它没有一丝的枯缩和萎靡，花托结实，花片满是张力，如同一张笑脸在望着我。

我想把这朵花交给那个女生，不料被旁边的男孩子接了过去。他把花托含在嘴中，如同在吹响一个号角。值日的学生都笑了，我也笑了。

我们似乎听到了一种美丽的花开的声音。

我想，我的学生们应当懂得，木棉花永不会凋谢，只要我们心中的木棉花始终盛开！

（2016 年 4 月 26 日）

“圈子”杂谈

有人说，这是一个“类聚”与“群分”的世界。

的确，人，都会隶属于某个“圈子”，或自己主动进入，或被人被动拉入，或因血缘、机缘、工作、生活、经济、地位、文化、时空等因素而自然形成。

大圈子，小圈子，圈子套圈子，圈子连圈子；明圈子，暗圈子，圈子撞圈子，圈子吃圈子。有些圈子高攀不上某些圈子，有些圈子不屑正视某些圈子。有些圈子默默无闻，自得其乐；有些圈子高调显赫，盛气凌人。有些圈子稳固持久，有些圈子脆弱易散。圈子与圈子有的很近，有的很远，有的相融，有的相斥。有圈子，不足为怪，毕竟人是社会的人，人需要抱团取暖。只要圈子正，存在就是合理的。

信息时代，又多了一些时髦的圈子，如“QQ 圈（群）”“微博圈”“朋友圈”。这些“圈”又称“群”。“圈”也罢，“群”也罢，都是因网络而成的聚合体，我们姑且称之为“网圈”。这些圈满足了人们交流、探寻与炫耀的欲望。人聚在一起，不管是老友还是新交，总有人喜欢拿出手机说：“告诉我你的 QQ 号，加你好友；扫一扫，加我微信。”二维码一扫，你就进入了一个“圈子”。一旦进入这个圈子，自己都不知道会与多少人有了关联，如同水波涟漪荡漾开去，你将进入一个深不可测的互联网的信息海洋。

“网圈”的功能的确强大。一个引人眼球的信息一旦引爆大众的关注神经，各个圈子会以几何式爆炸的形式传递开来，其传播速度之快、受众之广令人瞠目。这是一个信息爆棚的时代，各种信息在微博、微信圈纷繁炫目，似乎整个世界都裸露在世人的面前。从没有像今天这样，人与世界如此之近。

每一个“圈内人”似乎都拥有了一鸣天下、号令八方的话语权。平台已建立，欲望已打开，思想传播的羁绊在网络中不复存在。指尖轻轻一点，没有了束缚的人们在一个又一个“圈子”中开始了自由的畅谈——晒“美食”，亮“华服”，炫“旅程”，秀“姿色”；发“广告”，煲“鸡汤”，做“微商”，收“红包”；炒“旧闻”，传“假闻”，造“伪作”，泄“私愤”……鱼龙混杂，真假难辨。

也有很多的微博微信圈，传真知，叙真情，写心语，扬正气，满满的正能量，给人带来向上的力量和进取的信心。微博微信打破了时空的界限，让人与人的神交更为具体。每天打开微信圈，每天都有新问候，每天都遇见希望遇见的人，每天都带着从“圈子”里采撷的新鲜“阳光”开始新一天的生活旅程。“圈子”成了信息源，成了汇聚能量的磁场。

在这个“圈子”里，有人“脱光”了给人看，有人戴上“面具”给人看；有人“蛰伏”起来看别人，有人在“暗处”讥笑别人。有人带着功利而来，有人带着善良而来，有人带着谋略而来，有人带着智慧而来，有人带着心计而来，有人带着真诚而来，有人在这里游目消遣，有人在这里放眼世界。

网络“圈子”，折射出人生百态，也透视出圈内人的心底波澜。

喜欢给自己带来正能量的圈子，也感动于圈子中给自己带来阳光和愉悦的人。黄总，一个从赣州农村走出来的成功人士，拥有一双聪慧的儿女和自己亲手打拼而来的公司。每天早上，他的第一个微信就是与自己发起的“晨跑俱乐部”的“跑友”晨练的视频。浩荡的队伍让圈内人感到生命的朝气和力量。感动于他的坚持与执着，他自学通过了最难考的国家司法考试；感动于他的修养与学识，他对儿女的教育给很多人树立了标杆。对人好，希望人都好，希望这个社会好，这是黄总微信不变的主题。

喜欢给自己带来新知与思考的圈子，也感动于圈子中那些让自己不断丰富的人。万博士，一个在上海对教育有着深深思考的教授，她微信中的许多问题往往成为我思维的触点。孙云晓，当年那个因写《夏令营中的较量》而引发教育大讨论的学者，步着他微信的“足迹”，我也在同步思考。还有许多有见地的朋友、同事和可爱的学生，他们每一条微信都引我关注与驻足，为他们笑而笑，为他们忧而忧。

我知道，总有一个声音与你相左，因此，我希望自己的眼睛是“广角镜”。我喜欢衡听显幽，不喜欢狭隘偏执；我喜欢坦诚交流，不喜欢心志相隔。我知道，圈子里面有真诚，圈子里面有虚伪；圈子里面有温暖，圈子里面有凉薄；圈子里面有高尚，圈子里面有卑微；圈子里面有人心，圈子里面有人性；圈子里面有正能量，圈子里面更有大智慧。

珍惜自己的“圈子”，珍惜“圈内人”，珍惜圈内人的“关注”。因为，圈内都是朋友。

朋友圈，送朋友微笑，给朋友真诚，享朋友快乐，分朋友忧思，得朋友智慧，为朋友点赞！

（2015 年 12 月 15 日）

“三无漫谈”刍议

与三两好友偶议，开一“三无漫谈”节目，聚教育发烧友夜话育人之道，兼谈时空变迁、人生大义。不求志趣同合，只求火花碰撞。何为“三无”?“无领导、无主题、无障碍”是也。

“无”即“有”，“大无”即“大有”。

《道德经》云:“三十辐共一毂，当其无，有车之用。埏埴以为器，当其无，有器之用。凿户牖以为室，当其无，有室之用。故有之以为利，无之以为用。”

“有”“无”互为依存。“无”虽匿形，却有大用。古代木车车毂，中为虚空，仅以三十辐支柱连接外轮，却能远途载重，活用不休。其奥秘即车毂中空无物，方能支持多方效用，并能聚三十辐之力于一体。同样，器皿无空则无用，屋舍无门窗则不能入居。此即为“无为无不为也”。

“三无漫谈”即将开张，拟两周一次，时间长短随心而定，只以茗茶待人，简约而备。为避免行政旨意之嫌，每次聚谈只口口相传，且有“三不”“三可”。“三不”即不通知，不考勤，不定员;“三可”即可迟到，可早退，可不言。

“言”与“听”皆为交流，言者无罪，闻者足戒。读一好书，心有所感，以飨同道;得一观点，心有所契，可以辩之。希冀借此“漫谈”，让智者智言异彩绽放，为教育而谋，为杏坛献策。

教育本应“为未来而来”，可当下教育者却大多固守“井之思维”，功利充斥于内，浮躁显形于外，难免短视频现。时代发展如高速之列车，稍一迟疑即绝尘而去，空余落伍者悲叹。但确有视野高远者早已洞察教育现存之痼疾，大声疾呼，无奈人微言轻，声不致远。同心可共振，同声方共鸣。“三无漫谈”如能聚更多精英协力发声，心智交融，当有教育大智慧涌现。加之东华青年才俊，人才济济，使命担当，相信“桐花万里丹山路，雏凤清于老凤声”。

曾请才子“湘人可为”书“衡听显幽”四字，装裱于办公室墙壁，举目可见。我深知，明珠藏于土，智慧隐于民，两耳听八方言论，方能显幽现贤。教育需“人才方阵”，育人当“时代前瞻”。时不我待，只争朝夕。

有时，“无”胜于“有”。空杯心态，虚怀若谷，便可融思容智。

期待“三无漫谈”悦于心，成于思，聚人聚智，不息不止。

（2015 年 11 月 28 日）

你何时能去除劣根、培育慧根

劣根一：见不得别人好。

他好？怎么行？

他凭什么比我强？凭什么比我优秀？他的业绩是怎么得来的？不会是花钱买来的吧？搞他！捏造一个信息，在圈子里散布，谁知道是真是假？

劣根二：鸡蛋里挑骨头。

他没有缺点？不可能！

拿出放大镜，终于发现他脸上的一个斑点。宣传！广而告之！发微信！他大半个脸都是黑斑，帅哥的称谓怎么会是他？搞臭他，我就是帅哥了！

劣根三：不带脑袋发声。

圈子里一有奇谈，抓紧“抢沙发”！发声，还用带脑袋？

别人一说，有道理，转！别人再一说，也有道理，再转！自己的嘴长在了别人脑袋上，自己的脑袋掉到了裤裆里。现如今，无脑之人多的是，又不是我一个。

劣根四：在黑暗中谋事。

谋事，岂能在白日？最好的地方是阴暗的角落。

躲进一隅成一统，天下乾坤我运行。他好？我说不好他就不好！他行？我让他行他才行！搅动尘沙，浑水摸鱼，真真假假，虚实谁知？多少真相埋入历史尘埃，多少冤屈化为亘古谜团。管他呢！

劣根五：功利场名利人。

没有钱，谁去？没有名，谁干？没有权，谁做？

路上熙熙攘攘，哪一个不是为钱为名为利而来？他捞钱门路多，我也要广开财路；他能顺杆向上爬，我也会拍马快步升；他知三十六计，我更懂厚黑精髓。世为功利场，我为名利人。

你何时能去除劣根、培育慧根？

——大家好才是真的好！

——人无完人才是真人！

——理性孕育智慧！

——光明才能磊落！

——名利过眼烟云，真诚方为永恒！

声音

这个世界有很多声音：笑声，哭声，骂声；赞美声，批判声，嘲讽声；激励声，鼓噪声，呻吟声；风声，雷声，雨声；花开声，花落声，天籁声……

声音通过双耳进入人的心中，搅动心湖，荡起喜怒哀乐的涟漪，甚而掀起大喜大悲的波涛。人，是很容易被声音左右的动物，声音的力量不可小觑。

声音，生于心，传于心，感于心。

人逢喜事，喜不自禁，笑声发乎心。或大笑，狂笑，癫笑；或微笑，强笑，暗笑。最神秘的笑是无言的笑，最美丽的笑是开心的笑。

有事伤心，悲从心来，痛极而哭。或啼哭，号哭，恸哭；或啜泣，饮泣，泣不成声。最丑的哭是假哭，最悲的哭是无声的哭。

心生愤怒，怒不可遏，为泄不平，骂声即出。骂有很多种，有人曾将骂分为十类：妈骂、性骂、好骂、老骂、病骂、咒骂、畜骂、反骂、嘲骂、笑骂。第一种“妈骂”为“国骂”，因为中国人对自己的母亲非常敬重，容不得别人侮辱，所以伤人最深的辱骂是对别人母亲的“妈骂”，故此“妈骂”为国人特色之骂。

真诚的赞美与热情的激励是人性的赞歌，交心的批评与带痛的斧正是贵人的相助，而冷漠的嘲讽与不负责任的鼓噪则是语言的荆棘和心态的失衡。

世界上有一种声音很温馨，是妈妈爱的絮语：怀胎十月，母亲的心声；襁褓甜睡，妈妈的歌声；牙牙学语，母亲的轻语声；蹒跚学步，妈妈的呵护声。无论长多大，母亲的叮咛永远是孩子一生的心灵慰藉，永不褪色。

当母亲从这个世界离去，人生最美的声音也便消失。缺少了和弦中最美的音符，人生再不会有完美的乐章。

世界上有一种声音很润心，是老师的谆谆教诲。不一定声声动人，句句柔情，却常常如春雨润幼苗，无声胜有声。平凡的声音中有真情，娓娓的交流中有大爱。不谙世事的顽童在老师的爱语中成长，懵懂无知的学生在老师的教导下成才。

成长，是一条漫长的路，路上，有一首梵婀玲上奏着的名曲相伴，柔美而入心——那便是老师爱的声音。

世界上有一种声音很默契，是朋友心灵的共鸣。高兴时与朋友分享，失意时与朋友分担。“相看两不厌，只有敬亭山”，无须语言，心已开始交流。时空不能隔断共鸣，利益无法取代友情，默契是心与心的感应。

人生得一知己足矣，其实，是希望得到一种相契、相和、相知、相惜的声音，这种声音让自己在这个世界上不感到孤单。

世界上有一种声音分贝很大，这种声音足以震颤环宇，扭转乾坤，荡涤灵魂，那便是真理之声。“大音希声，大象无形”，庄周把声音分为“人籁”“地籁”“天籁”三种。“天籁”即自然之音，听之不闻其声，视之不见其形，充满天地，包裹六极。而真理即存于天地之间，为自然之天籁。

追求真理，当是人人对世间最大最美声音的永恒追求。心野上一旦响起真理的天籁之音，人也便找到了生命的真谛。

世界上还有一种声音，很可怕，是冷箭射来的声音。阴森，恐怖，如同一条冰冷的蛇，倏忽进入你毫无防备的心。容不得别人比自己好，但又无力超越别人，心生嫉恨，于是，造一支冷箭，趁人不备，射向对方。“嗖!”——这是一种可耻的声音。

被冷箭射中，有两种选择：一是奋力反击，哪怕嵌入体内的箭镞还留在肉中，也要将箭折断投向对方；二是远遁疗伤，隐藏自己，不与对手争锋。而一位智者说，人生途中，冷箭时时会有，无法避免。避不开时，不做歇斯底里的回击者，不做逃避战斗的懦弱者。要学会潜心修炼，让自己内心足够强大。箭不伤身，以志应对，不战屈兵，方可笑傲对手。

可耻可恶的声音很多——谣言，谰言，大言，假言，狂言，等等，充斥世间的各个角落。虽然这些声音给人带来很多困扰，但它们在真理的美声前如膨胀的肥皂泡，一触即破，人们见到的只是无声无息的破灭。

做美丽声音的制造者，传播者，做天地之间和谐的美丽音符，你便是美的使者。

（2016 年 6 月 4 日）

也谈“霾”

还是为“霾”写点文字吧，毕竟这是当下的一个热词。

这两日来北方，切身感受到霾的强势与魔力。正定机场一下飞机，浓浓的煤烟味直冲鼻腔。久居南方，咽喉已被娇惯，禁不住咳起来。好在来之前准备了口罩，还是“防霾灭菌”级的。

跑道上即将着陆的飞机，如同从仙境飘然而至，瑟瑟寒风中，似乎平添了一份悲凉的曼妙。身边几乎都是戴口罩的人，急匆匆，很朦胧。看霾，很近；看人，很远。

如同处在一块巨大的毛玻璃中，一切都是那么混沌。原本笔直宽阔的中华大街也只能看到十步远的距离。没有了两边建筑物的参照，思路一下子变得模糊起来。打车去宁安路，出租车穿行于缥缈的不太熟悉的街道，显得很孤单。偶尔对面有车疾驰而过，也好像天外来客。有一搭无一搭地与司机师傅聊着天气，听司机咒骂着驱不走的霾——“好多天没见到日头（太阳）了，一入冬就这样，这鬼天气!”

如同无处不在的幽灵，始终弥漫在空中。霾，似乎很纯粹，让世界变成一个颜色；又似乎很执着，缠绕着一切有形的东西。生活在霾中，世界显得很狭小，人也颇感孤单。因为处于不同的“空间”，难得一见彼此真容，能不孤单吗？网上段子：遛狗不见狗，狗绳提在手，见绳不见手，狗叫我才走。霾，已将人与人隔绝，人与世隔断。黑色幽默般的段子如同“水波效应”在茶余饭后口耳相传，多少无奈和隐痛，国人自知。

其实，霾绝不仅仅弥散于有形的空间，更渗透于人们无形的心间。最大的霾，不是雾霾，而是人的“心霾”。

为了业绩，哪管江河变黑，山林尽毁。

为了利益，哪管泯灭良知，贻害子孙。

经济一直以一种另类的方式在奔跑，可是，追上的是国内生产总值（GDP），丢掉的是人的自由呼吸。忘记了奔跑的初心，总有一天会跌倒。

短视，浮躁，信仰缺失，灵魂游荡，“心霾”在各个“时空”狞笑。

两天前，一网友在微信中因《春暖未必花开》一文对当今教育痛心疾首，严词相击：枷具未除，钳制思维，扼杀灵性，戳伤尊严，土壤板结，甘霖难遇，风霜刀剑，花苞早夭，塔内霸王花，入世即泯然。这是一位热爱教育的“方内之人”的“率真心语”，辞之厉，责之切，爱之深，望之远。他已洞察“教育之霾”危害之重。但是，意气和怨气无法改变当下这铁幕一般的重重雾霾。冰冻三尺之寒，还需春潮汹涌而至。而这春潮，应发于每一个教育者的内心，起始于每一个育人者的脚下。风生于地而起于青萍之末，小变则聚大变。

近日，陆续看到几则校园内学生弑师的报道，深为震惊。在我们这样一个曾信奉“天地君亲师”“一日为师，终身为父”的国度，很难想象学生会挥刀向师，血溅杏坛。什么时候学生纯真的心中开始被仇师的“毒霾”侵蚀？什么原因埋下了他们仇恨的种子？当第一缕污染他们灵魂的“霾”飘来时，为什么没有及时去清除？对孩子内心的“环境保护”是否因为我们教育的功利和极端而被置之脑后，以致酿成今日苦果？“教育之霾”甚于“经济之霾”“环境之霾”，它源于“人心之霾”，如不根除，极易成为国之痛，国之殇。

关闭几个钢厂，改变不了北方的雾霾；来一阵强风，也无法保证明日 PM2.5 不会“卷霾重来”；南方没有北方的重霾，但是，隐藏的“霾”也绝不亚于北方。洗刷一下国人的心灵，远离功利，回归本真，或许才能彻底告别这沉沉雾霾。

为官者，别总想专权，要记着为民谋利；经商者，别总看财富排行榜，要记着为国聚财；为将者，别总想耀武扬威，要记着守土有责；教育者，别总想分数和名次，要记着教书育人。

如此，大抵“霾”可去矣。

（2015 年 12 月 11 日）

敦煌，敦煌

敦为大，煌为盛。敦煌，在历史文化中是多么盛大与辉煌！

但我认为，敦煌不是因莫高窟而盛大，而是因生命的通感、风沙的力感、历史的厚重感而辉煌。

是骆驼载着敦煌的历史，由古代走到今天。沉重的呼吸，时而高昂的头颅，都让人感受到历史的存在。

只不过是行走一段沙漠而已。千万年风沙湮没了多少追求与梦想。我们只是这段路上的短暂镜头与风景。

我问，我在何时？何时有我？我是谁？谁是我？其实，时空也未必知，因为，个体人太渺小。

鸣沙山遇到大风天气，就会有战鼓般的鸣声。有人说，那是千百年来战死沙场的将士进军的号角，我说，那是不甘沉寂的历史在呐喊。

沙漠中，一汪清泉，千年不涸。生命，生生不息。

不是泉水，是希望！希望在，信心在，生命就在！

敦煌的太阳迟迟不肯落下，人们在这里寻觅的是什么？是思索。

千佛莫高，梦幻飞天。

公元 366 年，一僧人名乐尊，路经敦煌鸣沙山，忽见金光闪耀，如现万佛。于是便在东麓岩壁上开凿了第一个洞窟，莫高窟从此诞生。

此后，又从十六国前秦时期始，历经多个朝代万千信徒的智慧与汗水，莫高窟现共有洞窟735个，彩塑2415尊，壁画4.5万平方米，已成世界上规模最大的佛教艺术圣地。

飞天是莫高窟的绝美名片。空中飞行的天神即飞天。飞天不是一位神，而是乾闼婆与紧那罗，即天歌神与天乐神的复合体，一个善歌，一个善舞，形影不离。飞天飞绕，脚踏祥云，手捧鲜花，直冲云霄。造型精美，栩栩如生，潇洒飘逸，妩媚动人。

莫高窟，茫茫大漠之中的佛国名珠，让人对婆娑世界与世事轮回心生敬畏。

多少人虔诚膜拜，礼佛其实在理己之心，在向善。

大漠深处，有久远而厚重的历史，无法湮没。阳关，敦煌莫高窟一个绕不开的关口。张骞，纵横河西走廊、让历史永远铭记的人物。

西出阳关无故人的悲凉，在历史的大漠中弥漫。阳关道上从古至今都在演绎着悲欢离合。

王维，认识这位老人吗？千百年一直在这里临风把酒，吟诵着那首《渭城曲》。

（2015年7月20日）

贺兰山下

第一次知道贺兰山的名字，是在岳飞《满江红》一词中的“驾长车，踏破贺兰山缺。壮志饥餐胡虏肉，笑谈渴饮匈奴血”。何等的气势与豪迈！心中陡生壮志冲霄之感。

再次了解贺兰山，是因一个凄美的故事。一位叫贺兰的美丽蒙古女子，能文善骑。一日，贺兰姑娘慕名原始岩画而沿山寻之，途中邂逅党项族男青年漠汉。漠汉高大英俊，文武双全，性格豪爽。俩人一见钟情，海誓山盟，私订终身。但在一年后，贺兰被成吉思汗看中欲纳其为妾，而同时西夏皇帝也欲定漠汉为驸马。俩人誓死不从，决定私奔。在一个月圆之夜，贺兰骑一匹青色骏马到初恋地与漠汉相会，双双吃下仙药，贺兰即化作沙湖，漠汉即化作沙漠，俩人相依相偎、永不分离，贺兰的贴身丫鬟化作芦苇，从而有了沙湖独特的地貌，贺兰骑的那匹马化作贺兰山，现在那匹马的马鞍还在山顶上清晰可见。后人为纪念这段爱情传奇，把这段天山改名为“贺兰山”。

这次终于来到了贺兰山下。

先是去了贺兰山下的西夏王陵。一片无垠的荒芜中，9 座王陵遥遥相对。无处话凄凉。

一千多年前，西北大地有一个与宋、辽鼎立的少数民族王国，即“大夏”封建王朝，西夏语“大夏”为“大白高国”。因其位于同一时期的宋、辽两国之西，历史上称之为“西夏”。它“西界玉门，南接萧关，北控大漠，地方万余里，倚贺兰山以为固”，雄踞塞上，立朝189年，先后传位10主。

13世纪，成吉思汗结束了蒙古草原上长期分裂的局面，蒙古迅速兴起并日渐强大，开始对外扩张和掳掠，首当其冲的便是西夏。22年间，蒙古先后6次伐夏，其中成吉思汗4次亲征。1227年，成吉思汗包围夏都兴庆府达半年，威震四方的成吉思汗虽战无不胜，进攻西夏时却遭人拼死抵抗，陷入苦战之局，蒙古军队付出了极其惨重的代价，成吉思汗降旨“每饮则言，殄灭无遗，以死之，以灭之”。经过一番血雨腥风，蒙古大军集中兵力攻下了西夏都城兴庆府，四处抢掠，大肆屠杀，铁骑所到之处，白骨蔽野。经历189年的西夏王朝灭亡了，党项族也从此消失。只有贺兰山下一座座高大的土筑陵台——西夏陵，仍然默默矗立在风雨之中，展示着神秘王朝的昔日辉煌。

西夏王朝留给后人的，是一个又一个谜。

贺兰山下有历史的苍凉和迷雾，有大漠的雄浑和落日，也有贺兰姑娘幻化的沙湖的美丽。

沙湖位于宁夏银川平原的贺兰山下，总面积80.1平方千米。沙湖四季景致变幻，既得江南之灵秀，又不失塞北之雄浑。沙湖因湖光、山色、沙海、苇荡、鸟岛、彩荷和野生大鲢鱼而闻名，这七大景观的巧妙结合，使之既有北国雄浑豪放之气势，又有南疆妩媚秀丽之情调，沙湖毫无粉饰和雕琢，基本上保持着天然原貌，有一种粗犷的美，一种质朴的美，一种自然的美。

宁夏，安宁之地。银川，洁净之川。

大漠深处，贺兰山下，有很多未知的故事……

（有些资料来自网络）

（2015年7月25日）

欧洲文明断想

十多天的欧洲之旅明天就要结束，加之去年的游历，一共行走了九个欧洲国家——芬兰、挪威、瑞典、丹麦、俄罗斯、德国、比利时、法国、英国。

想梳理一下欧洲文明和华夏文明的不同，但知道这是一个很大的题目，不是简单能说得清的。况且，自己只是看到了几张“剪影”，未免以偏概全。只好写点皮毛的东西，将自己肤浅的认识作为这次欧洲之旅的小结。

今天上午，去伦敦西南 100 多公里的地方，参观了神秘的、据称是欧洲著名的史前文化遗址“巨石阵”。一些巍峨巨石呈环形屹立在绿色的旷野间，远远望去，给人一种神秘的感觉。据英国考古学家研究，巨石阵的建造年代大约在公元前 2300 年。

在英国人的心目中，巨石阵是一个神圣和神秘的地方。

其实，所有未解之谜，都是很神秘的。欧洲文明有很多神秘之处，但是，一旦破解也并不神秘。

我坚持以亮色看世界。因此，此次欧洲之旅，我依然注重搜寻中国所没有的亮色，包括对历史、文化、教育的感悟。不同的文明需要欣赏和借鉴，妄自尊大和互相排斥只能说明文化的狭隘。

但是，如果你在国外住上几周，你的新奇可以让你写一本书；如果你在国外住上一年，你可以写一篇文章；如果你在国外住上三年之后，我相信，你什么也写不出来。因为，人性是相同的，只是习惯和规则不同罢了。

但我依然要先历数欧洲之旅给我的良好印象。

建筑，古典美的艺术。许多保存完好的古典建筑，每一个都是艺术珍品。我曾长时间在那些精妙绝伦的雕塑前驻足流连，以致跟不上团队。如果有时间，我很想一个人再去行走，细细品鉴这些艺术之魅力。

秩序，让欧洲的城市不嘈杂。不仅仅是这里人少的缘故，是社会已经形成的多数人愿意遵循的规则。街道不宽，但很少拥堵。楼房不高，不新，但很养眼。

洁净，让城市不必奢华，但很典雅，处处给人很舒服的感觉。走出城市，大片的绿野让人养心。

信仰，让一个民族有归依。欧洲每一个国家最好最精美的建筑是教堂。天主教让人心存敬畏，心性向善，性情宁静。

但是，欧洲的土壤中盛开的并不全是文明的花朵。如同这个世界，有天使，也有魔鬼。虽然有的天使没有翅膀，有的魔鬼扮成天使的模样。

不要总是谩骂自己同胞的愚昧、低劣、素养低下。中国的版图近乎整个欧洲，欧洲却有 40 多个国家。如果全部欧洲人都来晾晒一下素质，也未必不会让世人齿冷。近几十年经济才开始起飞的中国，国民素质是有点问题，但也没有必要小题大做。

在欧洲的十多天，看到在繁华的街道上飙车的有之，醉酒失态推推搡搡的有之，在景点用各国文字书写“到此一游”、乱涂乱画、只顾拍照的有之，大街上“低头一族”只知玩手机的有之，埃菲尔铁塔广场上乱丢垃圾的有之。

我在英国伦敦繁华的哈罗德百货公司门前的街道上拍摄到的乱闯红灯的几乎都是白种的欧洲人，更不要说学校里培养出的一些极端的以自我为中心的利己主义者。据说法国很多人不愿意当老师，因为，崇尚个性的法国学生很难管理，他们常常打老师。

我们不去以偏概全，我们只是需要客观地看待东西方文明的异同。

东西方文明本没有高下之分。东方有的宫廷政变、尔虞我诈、杀伐攻略西方同样存在，有的甚至有过之而无不及。

西方教育的开放应值得古板的东方教育学习，但是，东方教育的扎实和养成，松散的西方教育应当谦虚地借鉴。我认为，东西方都不要总是昂着自己的头，而应当以一颗包容之心去透视、学习对方。

（2015 年 8 月 13 日）

千年孤独

子夜钟声敲响，流浪人走过千年。

灯火阑珊，狂欢声响彻夜空，流浪人眼前晃过一张张兴奋的脸，与陌生人相拥而舞，不死的依然是流浪人心间那永恒的孤独——惨惨淡淡。

回首千年，流浪人满目凄然。

耶稣降生的那一天，流浪人伴随来到人世间。耶稣开始了对人类的拯救，流浪人也开始了他在亘古时空的孤独漫游，寻寻觅觅，凄凄惨惨。他曾与屈原相伴而行，也曾与伍子胥同闯昭关；他曾与孙膑驰骋沙场，也曾与勾践卧薪尝胆；他曾与秦嬴正一同驾战车征服六国，也曾与万喜良一同搬巨石修筑长城。当孟姜女撕心裂肺的一场大哭使长城轰然倒塌，他所有的信念灰飞烟灭。把心放逐天际，九泉路上，他追随孟姜女，肝肠寸断。

在项羽的战马后，他是扬起的一粒尘土；在韩信的胯下之行中，他是心间的一丝隐痛。当四面楚歌声声传来，他是楚军脸上的一滴清泪；当玉柱倒地、乌江自刎之际，他是项羽划过时空的一声长息。虞姬泪水涟涟觅愁去，流浪人仰天长叹进深山。

大漠深处，流浪人漠然注视汉军与匈奴的厮杀。雄才大略的大汉皇帝也曾让他怦然心动，但和亲的屈辱，使他再度踽踽独行。在昭君出塞的送行队伍中，他是一个不起眼的小卒；在张骞出使西域的路途中，他是一缕孤独的清风；外戚专权、民怨沸腾之时，他是大汉上空一片暗淡的奈何天；光武中兴、汉室重整之时，他是刘秀脸上一丝不易察觉的笑颜。斗转星移，沧桑易变，烽烟又起，战火连绵。三英战吕布，流浪人只作壁上观。而后，他手牵貌美如仙的貂蝉，悄悄隐入民间。

诸葛亮六出祁山难消战乱，司马昭路人皆知以晋篡权。痴呆两晋愚人治，花开花谢两百年。何处是归宿？流浪的心，没有心灵的召唤。

天地启宏慈，又开一重天。流浪人亲随李渊跨马征战，流浪人亲身经历玄武门之变。贞观之治，流浪人与魏徵同息同眠；开元盛世，流浪人与李白醉卧长安。西北号角起，战火再度燃，十年安史乱，错杀杨玉环。眼睁睁看香消玉殒，可怜怜见青魂上天。伴芳魂幽幽，流浪人上穷碧水下黄泉，让此恨绵绵无绝期，让旷世孤独留人间。

“问君能有几多愁？恰似一江春水向东流。”李煜抄袭了流浪人的心语，红颜相伴，枉自悲叹。

几世几劫，几灾几难。

流浪人为赵匡胤披上黄袍，流浪人为杨家将摇旗呐喊，流浪人从开封府接出秦香莲，流浪人一度被逼上梁山。

追随成吉思汗的铁蹄，流浪人饮马多瑙河。手执忽必烈的长鞭，流浪人笑傲苍天。可历史的空间容不下永恒的风光，流浪人走过辉煌，仍独自面对大漠孤烟。

天地间，形影相单。流浪人梦中跨过明清，一睡几百年。

栖栖惶惶，步入今天。

千年之交，灯火阑珊。流浪人割不断的是千年流连，冻不死的是千年孤单。

无人相伴，流浪人独自走过千年。

明天，可有心之岸？

（千年之交之夜于碧桂园）

夏行宁夏

宁夏，三万年前，即有人居住于此。秦始皇时，派兵屯垦。唐肃宗在此登基。北宋时，党项首领李元昊建大夏国，史称西夏。蒙古灭西夏，方有宁夏之名。

东尽黄河，西尽玉门，南接萧关，北抵大漠。

从敦煌到兰州，飞机是在茫茫沙漠上空飞行。

从兰州到中卫，大巴是在浩瀚荒漠边穿行。

腾格里沙漠，据说至今很少有人能够穿越。凝视窗外，心在想，荒芜了多少年，什么时候是此地生的轮回？

由甘肃进宁夏界，见到了黄河S型大回环的壮观。

人的力量与沙的侵袭在此交锋，才有了塞北江南。其实，王维诗中云“大漠孤烟直，长河落日圆”，看似诗意，实则悲壮！

萧关，也就湮没于此，燕然就在不远处。

不过，宁夏中卫，今日已是绿树成荫、薰衣草成片的浪漫之地。

车到中卫，已过晚八点，不过，夕阳灼灼，还未西沉。

宁夏中卫腾格里湖位于腾格里沙漠东南，集沙漠、湿地、湖泊、长城等景观于一体。蓝天白云，沙山流水，湖光山色，浩瀚大漠……奇幻无比的大自然造化出无数匪夷所思、美轮美奂的自然景观。

腾格里沙漠边上，有一个美丽的金沙岛，有一汪美丽的腾格里湖，有一片紫色的薰衣草花海，有一个东方的普罗旺斯，有一个塞上江南……

一望无际的漫漫黄沙中，因水相通，路相连，树成林，鸟成群，沙漠变绿洲。一望无际的紫色薰衣草花海，风光旖旎，演绎迷人浪漫。岸草，木屋，一步一景。

烂漫的紫色，紫色的花雨，这里已成东方浪漫之地，全然忘记不远处就是茫茫沙漠。

紫色，高雅而略带忧郁的色彩。邂逅大片薰衣草，与身着特色服装的回族姑娘燕子导游合影。紫色草坪深处的小木屋，是童话的居处。

宁静的香味，高贵的紫色，中国的普罗旺斯的花。梦幻与坚守！

夏行宁夏，有了很多的回忆和遐想。

（2015 年 7 月 23 日）

奔跑吧，校长

对于东莞校长一族来说，2016 年的新春是以奔跑开启的。

2 月 19 日上午 10 点，由凤鸣局长带队的校长及市局干部 80 人汇集在德育培训基地，手挽手，肩并肩，围成了一个圆。随着“感动中国”培训团队的教练发出的指令，这个“圆”上的每一个“点”开始有序地奔跑。

这是东莞教育新春伊始的奔跑，也是东莞“慧教育”的启程。

一种激情充盈于每个人的内心，使命与担当让这群东莞的校长步履铿锵。

力量需要汇聚，团队需要协作。才思一旦凝聚，大智慧方可生成大教育。

高高举起自己小组的旗帜，再起个响亮的名字，定一句誓言，谱一曲队歌——“猎豹”“雪豹”“飞虎”等团队诞生了！口号震天，誓言铮铮，一种强大的气场在凝聚。

当 13 人一起牵绳颠起小圆盘上的小球时，看似简单实则不易的运动给团队每个人带来了深思。每个人的力量、方向、心志不能协调一致时，小球怎么会听话？从一开始的几个、几十个，到正式比赛时的 100 多个，200 多个，甚至最后突破 400 个大关，这种突破和奇迹连自己都不敢相信。

所有的人围坐在一起，形成一个圆。没有局长、校长的职务之分，有的是对比赛的一份真诚和责任，以及对东莞教育的深切感悟。从动作的协调到心理的默契，从心态的波动到细节的斟酌，从目标的定位到潜力的认知，“鼓舞飞扬”项目俨然已成教育管理的经典案例。

沟通是一个团队走向成功的关键，但是，“沟通漏斗”告诉我们，信息在传递过程中是不断遗漏和变形的。一个优秀的领导者一定要研究与下属沟通的技术和艺术。“神秘扑克”项目更是给东莞的校长们上了别开生面的一课。

明明有正确的方案、周密的预设、明确的分工，但是，在实际操作中，信息传递往往中断甚至出现错误。一个人的信息传导有误，整个团队就会乱作一团。嘈杂的环境，紧张的氛围，有限的时间，特殊的心态，各种因素制约着人的正常思维。如同战争来临，信息不畅和虚假信息将是致命的。

队友们围坐一起，再反思。为什么失败？中高层管理者的失误在哪里？每个成员在执行过程中的角色是否到位？学校工作中团队的执行力为什么总是上不去？规则意识为什么薄弱？心理素质如何加强？又是一个课题，一个教育的大课题。

一切皆有可能，众志成城不是空谈。

校长们也有懈怠“想打盹”的时候。“千人凳”项目开始时，经过近一天体能和心智训练的校长们已经累得腰酸背痛，有人心中已有“尽快收兵”的念头。此时，“千人凳”的活动项目开始了。近百人的团队成员要同时坐在旁边队员的腿上，稳稳地坐成一个“大凳子”，并且要坚持 10 分钟。

“不可能。”有的校长在心中认定。嬉笑声冲淡了本该有的认真，两次的尝试都只能坚持两三分钟，而且动作极不规范。这个项目面临着失败。

红豆——“感动中国”培训团队中一个有气场的美女教练，她给我留下了很深的印象。

这位站在东莞 80 位校长面前的小姑娘，用动情动心、鞭辟入里的语言震撼着每一位校长的心。她站在东莞教育使命的角度激励这些有着校长头衔的人，她从自己对教师的尊重和校长的敬畏以及自己对教育的梦想去谈她对当下教育的理解，从而激励着我们这些东莞教育的领导者们。随着“风雨场”内播放的让人触动的《天空之城》的音乐，全场的校长们像小学生被老师批评一样，鸦雀无声。

红豆的话给校长们很大的触动。我知道，80 位校长的心再次被紧紧地凝聚。

一个庄严的场景！

——很多年长的校长咬着牙坚持着，汗水从发际缓缓流出，衣衫慢慢浸透。承重的大腿，酸！痛！但是，“千人凳”稳稳地坐着。校长们知道什么是“多米诺骨牌效应”，什么是“牵一发而动全身”。他们知道，作为校长，必须坚守职责，坚定信念，决不放弃！一分钟，两分钟……十分钟，十一分钟！东莞的校长们稳坐“千人凳”，最后竟然超过十一分钟。这是一个令“感动中国”培训团队的教练惊讶的成绩。

运动场上，教练与队员们相拥而泣的画面，是对成功的礼赞。

对教育，校长们有着太多的思考和沉淀，只是需要一个契机，一个整合，一次思想的交融和智慧的碰撞。

东莞教育需要奔跑起来，奔跑需要领跑者。今日，春风正暖，阳光恰好，有凤来仪，凤鸣岐山，东莞教育当有新气象。

奔跑吧，校长！奔跑吧，老师！奔跑吧，东莞教育！

（2016 年 2 月 23 日）

春之泱泱

昨日，在水濂湖石桥的拐角处，再次看到了那株石缝中生长的嫩芽儿。

大约一个月前，也是去湖边行走，第一次在石桥上瞥见角落处的它，就禁不住停下脚步，蹲下身子，凝视着那柔弱的嫩芽儿，不肯离去。它孤零零地从坚硬的石缝中探出头来，窥视着这个寒冷的世界。我感到，它很可怜。那天，我担心它活不过几日，因为今年的极寒天气让据说 120 多年未曾下过雪的广东竟然飘起了雪花，这小小的芽儿能存活下来吗？

可是今天，再次看到它，虽然依然柔弱，依然孤单地独处一隅。但是，我明显地感到，叶子变得绿了，宽了。

这株石缝中倔强的嫩芽儿是奔着春天来的吧。

湖边的杏花、桃花、玉兰花渐次开了，垂柳泛着绿意也随风在水面上荡着。我忽然觉得，这株嫩芽儿并不孤单，暖暖的春风中，它只是喜欢像处子一样独处罢了。

我知道，北方的春和南方的春脚步是不同的。但是，春天从来都没有走远。记得多年前在北方生活时，在一个北风呼啸的三九隆冬，一个心情比严冬还寒冷的日子，我曾无意中扒开冻得冰块似的土地，竟然发现深深的土层下面有一株小小的几乎不被发现的嫩芽儿在悄悄地生长。那时我就知道，春天，其实一直都在我们身边。它的暂时隐匿只不过是为了再一轮新的萌发。

有人说，春天是悄悄来的。可是在南方，你会感到春天是以泱泱潮水般奔涌而来的。

大年初二，听说桥头镇的油菜花开了，于是驾车欣然前往。原以为只是小开小景，谁知到了桥头镇，那黄灿灿的大片大片随风翻涌的“海洋”，着实让我惊诧。忙不迭地拍照，摆姿势，嗅花香，发微信。微信圈中看到了很多熟悉的人晒出的美照：年轻的妈妈在幸福的花海中亲吻着孩子春天般的笑脸；扮酷的靓仔戴着墨镜手指着前方的镜头求点赞；勤劳的蜜蜂从这朵花飞到另一朵花忙碌着；亲昵的小情侣腻在花丛中，让人分不清笑容与花容……

春天来了！从石桥拐角处的那株嫩芽儿到湖边悄悄开放的杏花、桃花、玉兰花，再到这昂首怒放、盈盈招手的油菜花，我分明感受到春天的力量。望着眼前似乎没有边际的烂漫的黄色海洋，我知道，春天的气势不可阻挡。

新年历来都有登高祈福、踏青觅春之习俗。东莞有座观音山，被誉为“南天圣地”。初三这日，偕妻雨中登临此山，心中似有另一番希冀。

观音山上的花儿很少，却处处泛着无限绿意。小雨清洗过的树叶格外发亮，半山上的湖水清澈得让人心静，鸟儿在树荫中鸣叫，风吹拂着游人的脸颊。整座山如同观音大手中的碧玉。

登山的人很多，人流如同山上的瀑布，一路欢歌。一对年轻夫妇推着婴儿车上山，我好奇地赶过去，看到小车上一张红扑扑的笑脸，正吮吸着自己的手指凝望着妈妈。夫妇俩已经汗流浃背，但是，幸福一直绽放在脸上。 位年逾古稀的老人，腰虽然不是很直，但是，稳稳的步履和定定的眼神让走走停停、疲惫不堪的我有些汗颜。年轻的姑娘们笑着向前走，健壮的小伙子飞快地向上跑，电瓶车载着满满的游客在弯曲的山路上疾行，凌空的索道高悬着一个个兴奋的年轻人飞驰而下。小雨不知什么时候停了，阳光穿过云层投射下来，山，显得异常清新。大口大口地呼吸着新鲜空气，春天的负离子进入每一个肺泡，让人心生无限惬意。

忽然发现，春天汇集在人们登临的高处，定格在人们的脸上，长驻在人们的心中。你看，那含笑、悲悯、大美的观音慈颜不正昭示着春的永恒。

忽然想到我那些放假在家的学生，他们在这春寒料峭的日子是否也如石桥拐角处那株倔强的嫩芽儿般坚强？是否也如水濂湖畔那一棵棵花树般盛装待开？是否也在积累桥头小镇那春天的海洋般的泱泱大势？

兰若生春阳，涉冬犹盛滋。走过冬天，花都会盛开！

每个学生都是一朵春花，每朵春花都是一个春天的写照。一个幸福的老师，拥有的一定是整个春天。

（2016 年 2 月 12 日）

你的时刻

读过一个故事。

一个男人死了，当他失去意识以后，他看见了上帝提着手提箱走近他。

上帝和已逝男人之间的对话——

上帝：好吧孩子，该走了！

男人：这么快？我还有很多计划呢……

上帝：抱歉，但是的确该走了。

男人：你那个手提箱里有什么？

上帝：你的所有物。

男人：我的所有物？你是说我的东西……衣服……钱……

上帝：那些东西从来都不是你的，它们属于地球。

男人：那是我的记忆？

上帝：它们属于时间。

男人：那是我的才华？

上帝：不，它们属于事件的情景。

男人：是我的朋友和家人？

上帝：不，孩子，他们属于你人生旅途的同路人。

男人：是我的妻子和孩子？

上帝：不，他们属于你的心。

男人：那一定是我的身体了？

上帝：不，不……它属于尘土。

男人：那肯定是我的灵魂！

上帝：孩子，你错了，你的灵魂属于我。

男人眼含泪水，满怀恐惧地从上帝手中拿过箱子，打开了它，里面是空的！

他泪流满面而又心碎地问上帝：我从来不曾拥有过任何东西吗？

上帝：是的，你从来未拥有过任何东西。

男人：那么，什么是属于我的？

上帝：你的时刻，每一个你活着的时刻都是你的。

男人非常懊悔，为一生没有珍惜属于自己的时刻而悔恨不已。

男人苦苦哀求上帝，让他重回人间，再给他第二次生命。上帝沉思片刻，答应了。

男人终于再度轮回做人。他还记得自己上一世那个终生的遗憾。于是决定不浪费属于自己的每一时刻。

…… ……

一生很快过去。男人死了，他看见上帝提着手提箱走近他。

上帝：好吧孩子，该走了！

男人：这么快？我还有时刻要过呢……

上帝：抱歉，但是的确该走了。

男人：你那个手提箱里是我的时刻吗？这一生我可是一直在享受着属于我的时刻啊。

上帝摇摇头：这一生你没有自己真正的时刻。

男人：不可能。我一生什么都没有做，既没有赚钱，也没有做事，甚至没有娶妻生子。因为你曾经告诉我，那些都不是我的。

上帝：你一生什么都没做，又是怎样度过每一时刻的？

男人：我除了吃饭，睡觉，然后就是晒太阳。父母给我制订的所有规划我都拒绝。

上帝：你快乐吗？

男人：我不快乐，我不知道我是谁。我这一生连记忆都没有。

上帝：孩子，你一生无所事事，以为自己紧紧地抓住了属于自己的时刻，其实，你虚度光阴就是在浪费属于你的时刻。

男人：你不是说所有的东西都是身外之物，不属于自己吗？

上帝：不贪恋外物，但要创造外物。创造的过程就是属于你的时刻。没有创造，便没有时刻。

男人再度懊悔不已。他请求上帝再让他活一回。

上帝：孩子，人只有一次生命。刚才的第二次人生也只是给你的一种虚幻。过去了，就没有了。

男人喃喃地问：过去了，就没有了？

上帝：是的，孩子。走吧。

（2016 年 7 月 7 日）

人生是乘法而不是加法

——夜读稻盛和夫的人生方程式

日本“稻盛财团”创始人，也就是四大“经营之圣”之一的稻盛和夫有一个著名的“人生公式”：

人生的结果=思维方式×热情×能力

很多人认为，人生的结果是多种因素的累加，而稻盛和夫的观点则是，人生的结果是乘法而不是加法。

他认为，某人头脑聪明，能力可得90分，但此人自恃有才不肯努力，热情只发挥30分，两者的乘积不过2700分。相反，另一个人才能平平，能力只够60分，但他有自知之明，以勤补拙，以90分的饱满热情投身工作，其结果，乘积为5400分，比那位有能力无热情的人高出整整一倍。

包括能力、热情在内，思维方式最重要，因为它决定一个人的人生方向。方向错了，能力越强，热情越高，其结果越糟糕。思维方式一旦是负数，三者相乘的结果就是一个非常差的负值。世间很多看似聪明的人，一生一塌糊涂，一无所有，最终下场悲催，就是因为思维方式出了方向性的问题。

有时人们会发现，自己曾经熟知的人中，有的天资绝不出众，甚至远不如己。但是，若干年后，你却发现他已远远走在你的前面，成功的桂冠已在他的头上熠熠生辉。你可能会抱怨自己时运不济，诅咒上天不公，或者妒忌对方交了“狗屎运”。但是，你是否想到自己的思维方式或者自己的热情出了问题？是否想到，你的人生公式只是加法，而别人的则是乘法？

马云当年并不聪明，高中考了三次，大学也是考了三次。论颜值，马云更是“无地自容”。但是，多年后马云却成功了。现在，人们只看到阿里巴巴的“市值”，却不知道马云和他的“十八罗汉”当年的艰辛以及人生的运筹。

既然人生是乘法，那么，我们就应当借助自己的某一强项让人生的结果成倍地增长。能力不及别人，可以通过数倍的热情去让结果翻倍；精力不充沛，可以通过自己的能力提升去超越他人，只要自己的方向不走偏。

我们也可以将这一人生公式转化为一个三角形。思维方式应当是三角形的底边，能力和热情应是三角形的另外两边。三者相互扶持，构成一个稳定的人生金三角。

请记住，这个三角形的稳定性取决于底边的稳固，而另外两边必须在底边的依托下紧紧相连。同时，任何一条边的长度数值为零，人生金三角将不复存在。而如果三条边不断延伸，三角形的面积将会越来越大，而人生的收获也就越来越多。

（2016 年 6 月 16 日）

跨进 2016 年的门槛

——写给行进中的自己

行走于时间之轴，来到 2015 年与 2016 年的交汇点，回望，前瞻。

身处时空坐标系，很多人找不到自己的定点。似乎一切的混沌和茫然都在心野上狂奔，坠入虫洞，让人不记得纪元。想抓住 2015 年的尾巴，它已挣脱；想让 2016 年慢点到来，可是，它已来到身边。“日月忽其不淹兮，春与秋其代序。”

大江之水，一泻汪洋，逝者如斯，不可阻挡。

新旧更迭，草木荣枯，天道有序，时光嬗变。

我担心 2015 仅仅是个数字，空洞而抽象，在记忆的角落中慢慢湮灭。但我分明又感受到一盏心灯照耀在路上，一种喜悦充盈心间。

岁末盘点，回眸伫望，虽心有疲累，但我依然愿意站在年之交点，让时间将我分割，任思绪滋长蔓延。

2015 年，一直在感恩中行走。

喜悦，来自于拥有；拥有，来自于恩典。感恩世界，天地一直赐予力量；感恩自然，阳光始终挥洒身边。感恩亲人，筑起温暖的港湾；感恩贵人，给予生命的斑斓。感恩东华，将人生托起；感恩同仁，眼泪、欢笑一同体验。感恩中行走，感恩中流连，感恩中走过 2015 年这个驿站。

2015 年，一直在发现中行走。

更多时间，我睁大眼睛去看世界。我知道，世界并不美丽，但是，行走之人无时无刻不在追求惊艳。因此，我宽恕了这个世间很多的不美，依然坚毅向前。“朝饮木兰之坠露兮，夕餐秋菊之落英”，撷一缕花香，引鸟儿前来相见。潺潺小溪与我同行，明月清风与我相伴。不因跋涉艰辛而止步，不因峭壁悬崖而畏惧。我知道，我有前方，前方在等我，我只能高挂云帆。

2015 年，一直在用心行走。

很多时候，烛照内心，我与灵魂对话。我知道，我不喜欢孤单，虽然，孤单是每个人与生俱来的旅伴。用心发现心，用心拥有心，心心相连。去开垦一片田，将心种下，来年，结出心果，于是，我常常品尝到心的甘甜。在有些领域，譬如“育人”，我是“唯心”的，我相信心的力量与爱的奉献。与一切的“心”对话，我就是“神”；带着真诚的心行走，我便可长行世间。

2015 年，一直在结伴行走。

我不是布阵者，但我一直在筑阵。聚集的方阵，有力量更有温暖。我知道，这个世界并不孤单。二人为从，三人为众，聚众为阵，成阵则成势，成势则所向披靡，攻坚克难。一起走，呼朋引伴，心志凝聚，看山之巍峨，水之清秀，云之悠然，星之灿烂。指点江山，与世界把酒言欢；激扬文字，将未来规划心间。将大兵团引向山之高端，让天地展露笑颜。

再见，2015 年——应是再不相见。

你好，2016 年——希冀一切如愿。

希望父母康泰，亲人和乐；希望国泰民安，经济发展；希望天是蓝天，人有信仰；希望世界和平，永诀战乱。

2016 年，希望在改变中前行。

世界在向前，有为就要跟上时代的巨变。互联网如同一条巨大的鲶鱼，冲击着一切领域，拇指在屏幕上的游走颠覆着所有人固有的习惯。原本坚如磐石的东西在瓦解，频繁迭代的新东西向人的思维发起挑战。在旋转的万花筒中，自己应主动求变。“打开鸟笼的门，让鸟儿飞走，把自由还给鸟笼。”诗人非马的小诗给人震撼：放飞思维，自身也就消除了羁绊。改变格局，改变观念，改变人性中的弱点，在一切速生与速朽之间一路向前。

2016 年，希望在坚守中前行。

总有一种东西，虽地老天荒仍历久弥坚。经历时间淬炼而成的不变“内核”，绝不同于转瞬即逝的过眼烟云。信仰，真诚，正义，善良，应如日月星辰，永恒不变。坚守内心的执着，守望不变的信念，把梦永远留在心间。带着思考放歌前行，去完成人生的清单。

2016 年，希望在幸福中前行。

明天，太阳升起时就出发。不做苦行僧，把快乐和幸福时时带在身上。山高水远，前路漫漫，以平地为起点，在险峰和自己的愿望相见。让脸上挂满笑颜，给自己留有咀嚼幸福的空闲。相信，路途有生命的歌唱，更有思想的盛宴。

跨越 2016 年的门槛，放眼新年辽阔的视线，把远方作为自己追寻的心灵家园。在亘古时空中睁开双眼，去发现梦想构筑的彼岸，为自己确立行进的新纪元。

2016 年，继续向前。

（2016 年 1 月 1 日）

303 房间的秘密

在东华，凡是我教过的学生，都会记得我曾经给他们讲过的故事——《303 房间的秘密》。

但是，这个故事，每一届学生我都没有讲完，因此，《303 房间的秘密》成为他们永远的追问。甚至，毕业多年的学生来看我，依然会期待地央求：“老师，给我们接着讲讲《303 房间的秘密》吧。”我知道，学生中间有很多续写的版本，他们曾在网上搜索过 N 次，但是，来自于我的“正版”的故事结局，始终是他们永远的好奇和牵挂。

难忘每周固定时间给每一届学生讲《303 房间的秘密》时的情景：笔直的坐姿，兴奋的脸色，全神贯注的凝视，鸦雀无声的寂静。随着我的声音高低起伏，情节步步深入，孩子们的神色急剧变化着：激动，舒缓，紧张，惊恐，痛苦，微笑……肢体也随之伸缩，俯仰，晃动，击掌……每当这时，我知道，学生们和我的故事已经融为一体，他们的心已经和故事中人物的命运休戚相关。下课铃响了，又一个悬念留下，每次都是学生大声地“抗议”着，“叫骂”着不合时宜的铃声，求我再讲几分钟。每次我都是坚定地不答应，“扬长”而去，教室里留下学生对下一情节的猜测和争论……

“303 房间”有着怎样的秘密？为什么总是讲不完？

现在看来，故事并不新鲜，似乎还有些老套。最初的想法是，带一届学生需要三年，三年的时光对初中的孩子来说很珍贵，若干年之后，当他们回顾这段日子的时候，会记起什么，难忘什么，作为老师，我要给他们留下点什么。于是，我想，我要用一个长长的故事，陪伴他们三年，让这个原创的连续性故事教给他们一些东西，带给他们一些启迪。

“303 房间”只是我设计的一个故事的交汇点，有点神秘，目的是激发学生的好奇心。所有情节都围绕“303 房间”展开，“303 房间”是所有悬念的生发地和辐射源。“设悬”，“悬中悬”，“悬套悬”，“释悬”，多条线索齐头并进，最终百川归海，千线归一。对气氛的“渲染”是我惯用的“招数”。人物的出场，情节的推进，细节的强化，神秘色彩的浓墨重笔，都是力求抓住学生的心，营造身临其境、引人入胜之感。悬念的设置，让学生知晓铺垫的重要；情节的雕琢，使学生感知细节的魅力；多条线索的并用，让学生明白“纲举目张”的布局。

但是，孩子们难以割舍的仍是人物跌宕起伏的命运。故事里的每个人都牵动着孩子们的心：高飞的失踪，杜红的遭遇，小保姆的身份，“破烂王”的神秘，红云宾馆的夜晚，“303 房间”的暗道……我想用故事无限拓展学生们的想象空间，我想用正义与邪恶的较量让学生们辨别真善美与假恶丑，我想用莫测的困境让学生们聚积面对危难时的勇气，我想用基督山伯爵式的力量让学生学会等待和希望。

一次，在 QQ 空间里我意外地看到正在英国读书的学生发的一段文字：“这几日心情很低落，差到极点，为什么上天让我经历如此多的痛苦。今天不知为什么，忽然想到初中时语文老师没给我们讲完的《303 房间的秘密》，想到里面杜红的遭遇和高飞的坚强，我的心有些释然了……”虽然至今我还不知道这位学生在英国遇到了什么，但是，当偶然看到他在 QQ 空间里的这段话，我的心中有一种莫名其妙的满足——我的《303 房间的秘密》，让远在英国伦敦读书的学生产生了力量！

很多学生问我："老师，你为什么不将《303 房间的秘密》写成书去卖啊，到时候一定很火！"我笑而不言。《303 房间的秘密》只属于我的课堂，它是我精心编制的一条奇异的红线，将学生的心用另一种方式连接起来。这条红线传递着我的希冀，传递着学生对这段最美时光的怀恋。

很多学生还问我："老师，《303 房间的秘密》你为什么总是讲不完啊？"

孩子们，故事为什么一定要有最后的结尾呢？如果这是个好故事，它应该永远有续集。

（2015 年 11 月 26 日）

那只小鸟

总是忘不了那只小鸟。

一个阳光明媚的冬日早晨，我来到办公室，竟然发现从开着的窗子里飞进来一只小鸟，它站在我办公桌的书上，静静地看着我走进来，不惊不恐。

似乎从没有见过如此漂亮的小鸟，但又分明感到在哪里见过。

在丽日晨阳的映射下，小鸟的翅膀呈现出五彩的斑斓。尤其是那双圆圆的小眼，望着我，如同多年的老朋友，安然，宁静。我自然地伸出手，想捉住它，没想到，它迟疑了一下，竟然跳到了我的手上。一刹那，我真的感到我们是冥冥之中的朋友。痒痒酥酥的感觉从我的手心蔓延到全身，一种从未有过的温馨和美好伴随着被信任的幸福，在我的心中滋生出来。

蓦然间，一个久违的记忆渐渐清晰起来，我不敢相信，真的不敢相信！穿越，那时那刻，我相信了生命时空的穿越……

我和它对视着。偶尔它会转动自己的头，左右旁顾，但是总会将视线收回，和我的眼光交融。我们就这样静静地享受着这份多年未见的喜悦。

上课铃响了，要去上课了。我的可爱的一（26）班的学生在等我。

但是，我真的不舍得和这只小鸟分离。我想让我的学生们认识一下我的这位老朋友。于是，我自私地把这只小鸟放到一个纸箱里，轻轻盖上，在纸箱上方留了一个不大的口子。小鸟显然受到了一定的惊吓，在箱子里扑棱扑棱地飞着。我的心隐隐作痛。但是，我想，我的孩子们一定喜欢我的这位朋友。只好让它暂时受些委屈。

来到教室，几十双如水一般清澈的眼睛在看着我，如同几十只可爱的小鸟在静静地等着我上课。我努力抑制住心中的激动，对学生说："不好意思，刚才一个好朋友来访，迟到了。"学生很理解地微笑着。

那节课本来是作文课，作文题目《遇见》提前告知了学生，并且很多学生在练习本上已经开始写草稿了，其中不乏精彩的文字。今天早上，我和小鸟何尝不是一次美丽的遇见呢？如何将今日的这份奇缘融入这节课的内容？我的脑子在快速地重新设计课堂。

先一起欣赏了几篇学生写的草稿，让学生们笔下的"遇见"为课堂情感做些铺垫。

然后，从刚刚学过的冯骥才的文章《珍珠鸟》谈起，谈到了有情感的生灵，谈到了人与这个生命世界的关系。我说："孩子们，二十多年前，我刚刚毕业成为一名老师。一天，在广袤的鲁西平原上，我骑着自行车去上班，田间的路上有一只美丽的小鸟在前方望着我。我的车经过时，它飞起来，又飞到我的前方，继续望着我。我再次经过，它依然飞到我的前方。如此跟了我一里多路。到现在，我一直都忘不了那只小鸟，忘不了那双望着我的美丽的眼睛。我想，那是上天派来的一个精灵在为我的教师之路启航。二十多年过去了，孩子们，今天，那只小鸟来看我了。刚才我迟到了几分钟，就是在会见这位老朋友。"

教室内一片哗然，但更多的是不相信的、充满笑意的"嘘"声。

我说："孩子们，老师从未骗过你们，我相信人与动物的心意相通，我相信人与动物之间的感情。我请班长和学习委员到办公室去请我的那位‘朋友’，但一定要小心，别吓着它。”

两个人半信半疑地去了。教室内的学生依然是多种表情，多种声音，多种猜测，多种质疑。

两个人来了，兴奋地抱着纸箱来了。“真的，老师办公室真的有一只漂亮的小鸟！”他们大声告诉全班同学。

听着箱子里小鸟清脆的鸣叫声，全班惊呼起来！

我让两个人抱着箱子走到每一个同学面前，让他们仔细地看。我的这位“朋友”真的给面子，它没有因为打开纸箱的盖子而飞走，而是默契地、乖巧地在箱子里走动着，鸣叫着，和学生们对望着，享受着来自孩子们的尖叫和赞叹。

每个学生全都看过后，箱子回到了讲台上。我再次凝视这只小鸟，它似乎有些得意，用小嘴梳理着自己的羽毛。我对学生说：“孩子们，它是我的朋友，现在该回去了，我们放它走吧。”学生们齐声反对。我知道，孩子们像我一样，是不舍。我说：“它属于天空，真正的友谊是彼此不束缚对方；真正的爱，是给对方自由。”孩子们似乎听懂了，默默地和我一起走到教室外，打开箱盖。小鸟迟疑了一下，舒展开翅膀，飞了出去。虽不是五里一徘徊，依依不舍，但是它在教学楼前方绕了一个大圈，才慢慢消失在远处的天空。

回到教室，我告诉我的孩子们：“这只小鸟当然不是二十年前的那只鸟，但是，今天早上它来到了我的办公室，和我有了一次人生的美丽遇见，这份缘难道不是生命中很值得珍视的相遇吗？在这个广袤的星球上，人并不是唯一的生命形式，也不是唯一具有情感的生灵，千姿百态的动物其实都是人类亲密的生存伙伴。有了它们，世界才如此精彩，如此生趣盎然。生命是平等的，没有高低优劣之分。在这个拥挤的地球村里，每一个生命都应该享有同等的生存空间和生存权利。尤其是作为自然界的强者

——自称万物之灵长的人，更应该尊重其他的生命形式。这是现代人应该具有的基本素养和美德。我只不过是在心中接纳了小鸟，把小鸟真正作为朋友了，同时，在这个美丽的早晨，我也获得了小鸟珍贵的信任。人和动物的最高境界，就是尊重对方的生存空间。有了信赖，这个世界就会多一种温暖的色彩，生命也就多一种丰富的内涵。请善待我们赖以生存的这个地球，善待生命，尊重生命，那么，我们心中一定会感受到生命的新鲜与快乐。”

那堂课，那只小鸟，让我和我的学生们对生命有了更深的思考和理解。

感谢那个温暖的早晨，感谢那次美丽的遇见。

（2015 年 11 月 23 日）

夜风敲窗

睡梦中，被一阵从窗外挤进的风吹醒。玻璃被打得噼噼啪啪乱响，窗帘被掀得老高，想必北国的今夜一定是霜叶满天了。

爬起来关紧窗户，把风挡在窗外，却无法挡住碧江夜行船只的汽笛。

南国的夜是短的，每晚我却用忧思把它拉长……

三十岁南下寻梦，少了二十岁的浪漫，缺了四十岁的成熟，在妻女不舍的泪光中，在自己决然踏上列车的那一瞬，心中便多了一份挥之不去的忧思。我知道，我的世界容不下空虚与贫乏，所以，即使背负起这份沉重的忧思，我也渴望去寻求生命中的烂漫。

南方的确是一个鸟语花香的国度，那叫不上名字的花花草草，让人着实感到新奇。东莞没有水乡的妩媚，却有水乡没有的芬芳；没有雪国的清澄，却有雪国没有的缤纷。

人生时时渴望新奇，殊不知新奇最终会归于平淡，化平淡为新奇的神来之笔并非人人都有。南方人的步伐是在你不经意间加速的，过多的闲情逸致最终可能使你无法对同行者望其项背。也许昨天的同行者在用自己刚刚得来的神奇之笔尽情书写人生，今天的你却仍旧一人踽踽独行，只因为你比别人慢了半拍。所以，在这个姹紫嫣红的国度，有花，有草，有山，有水，但这一切，却不属于你，因为，南国没有诗。

曾去过深圳，看到过小平先生的挥手图，欣赏过拓荒牛的雕塑。低头沉思，生命这首诗到底是什么？只是风花雪月吗？看广州街头摩肩接踵的人流，看深圳大街匆匆疾行的人影，生命到底以什么形式出现才称得上完美与浪漫？猪栏里的睡梦可谓甜美，夏日里的蝉鸣可谓嘹亮，春风中的摆柳可谓潇洒，人生的极致应定位在哪里？也许，生命太短暂，来不及认识清风明月就要随风而逝。但是，阅历中，那点点滴滴的感悟是否能汇聚成生命的灿烂？人人都在寻梦，舍弃旧梦，追寻新梦，可人世间常常是美梦未至，噩梦先临，遗憾与人生如影随形。

看美国大片《泰坦尼克号》，不禁使人想起“定数”一词，我们应怎样诠释生命中的偶然与必然？如果没有冰山，生命的航船可能会成为一首完美的抒情诗，在爱的怀抱中展翅欲飞的甜美也许将化为永恒。果真这样，我们只有祈祷上苍的垂怜。可是冷眼看上下几千年，生命并非如此，此处让冰山融化，彼处会再卷风暴，也许会是完美风暴。历尽沧桑，我们能否顿悟：拓荒牛拓荒的那一刻，便是一首完美的生命之诗篇，便是一种辉煌的生命之烂漫。

南国是没有冬天的，看到桂山郁郁葱葱的林木，我便想起家乡光秃秃的小山；看到碧江淙淙流淌的绿水，我便想起家乡冰封的小河。我不知道家乡的白杨移植到南方会是什么样子，但我明白为什么南国的杧果不能在北方收获。

夜风再次挤进来，又一声悠长的船笛声在夜空中划过，渐渐消失在无尽的静谧中。

孤寂的心似乎要随那笛声而去。

夜风敲窗，子夜难眠。

归巢

远远望去，济南遥墙机场如同一只巨大的飞鸟，静静地停在那里，等待着离家而去的行客和远行归来的游子。

飞机缓缓着陆，机上的乘客急切地拿好行李站在过道上，准备下机。

屈指算来，离家已有17载。虽他乡已成家乡，但心中鲁西依然是不变的故乡。本是北方人，却成南方客。不是倦鸟，却常常希望归巢。

从北方到南方，从岭南到江北，暖国和雪国之间，心中总有一种东西牵扯着，吸引着。

出机场，开车一路向西，在高速路上疾驰。穿行于辽阔的鲁西大平原，极目远眺，心也变得旷远起来。

冬日的原野，一望无际。冬小麦在黄色的土地上隐约露出点点绿意，给广袤的大地点缀着丝丝生机。路两旁高高的白杨急速地向后奔跑，叶子早已落尽，只剩下光秃秃的枝丫伸向天空，在凛冽的寒风中摇曳。

天灰蒙蒙的，不到傍晚光线早早地就暗下来。我的车速越来越快，想早点回到那个久违的村落。

一个现象引起我的注意——原野上，寒风中，肃立着的树上，筑着很多的鸟窝，黑黑的，飘摇在树枝间。偶尔，会看到远处的天空一个黑点飞来，落在某棵树上，归隐窝中。

今年“霸王级”寒潮来袭，北方气温创历史最低，这些鸟儿为什么不迁徙南方温暖的地方过冬？我知道，候鸟年年南飞，留鸟年年守巢，但今年这些鸟儿的坚守着实让我感动。

北风呼啸，天寒地冻，望着秃秃的高树上一个个鸟窝，我想，窝内一定温暖如春。

一个窝就是一个家。

想起小时候爬树掏鸟窝的情景。鸟妈妈不在，没有长毛的小鸟在窝里鸣叫着等妈妈。有时恰遇鸟妈妈回家，看到我们摸它的孩子，常会愤怒地大叫着扑过来啄我们。老人看到我们掏鸟窝，一定会吆喝制止。如果遇到哪个调皮的孩子把鸟蛋给摔在地上，或者把小鸟给弄死，必然会挨一顿臭骂。

长大后，对鸟儿有了一种特殊的感情。看着它们衔来树枝和干草等一点点把窝筑起，听着鸟爸爸、鸟妈妈和鸟宝宝在窝里快乐的鸣叫，看着大鸟觅食归来嘴对嘴地喂食嗷嗷待哺的小鸟，看着鸟儿一家时而在空中翩飞时而回巢栖止的幸福生活……我对家有了更深的理解。

我的家在鲁西平原上的一个小村庄。小时候，它给我的印象是黄黄的院墙，黄黄的屋舍，黄黄的土地，黄黄的面孔。贫瘠的土地，似乎丰产的只有红薯。一日三餐，掀开锅盖，看到的是蒸红薯、煮红薯、红薯干、红薯面汤，以致吃得肚里向上直冒酸水。但是，童年的那个家却有很多暖暖的记忆。低矮的屋子，小小的院落，水缸旁边的一棵枣树，两只终日拴着的羊，满地走着的鸡，一只忠实的狗——在我心中，家很静，很温馨。母亲将红薯叶蒸熟伴蒜泥掺点面给我们改善生活；父亲从树上摘下榆钱或者槐花让我们大口地享受绿色的清甜；姐姐带着我和弟弟从地里挖来荠荠菜让母亲用盐和醋调好给我们吃；生日时母亲会在烧饭时从锅底烧一个面卷给我们；生病时会享受姐姐和弟弟吃不上的鸡蛋……记得春耕时一家人拉着犁翻地，肩膀被勒出了血丝；记得夏天割麦子累得腰直不起来；记得秋日晚上和父亲在月光下用木车拉玉米秆回家；记得冬天放学回家，母亲暖热我冻伤的手和耳朵；记得奶奶偷偷地将姑姑寄来的面包拿给我们吃；记得母亲为让奶奶多吃些好的，骂我们嘴馋；记得每到春节伯父都会给我买来红色包装的鞭炮；记得过年和大人一起去全村挨家挨户磕头；记得日子慢慢变好，由黑窝窝头变成黄窝窝头，再变成白面馒头……

后来，我考学出来，离开了那个家，成了“城里人”，虽也常常回去，却和家渐行渐远。再后来，来到南方，离家几千里，虽有便利的现代交流方式，但时空毕竟隔绝了很多信息。有时工作繁忙，会忘记自己身在何处，但是，夜深人静时，常常会想起小时候的那个家，想起那个小村庄，想起村里的人，更想念家中日渐年迈的父母。

车开到家门口，父母早已站在外面等候多时。

寒风中，我走下车，拉起他们的手，感到很暖。他们笑着，用从小就熟悉的语言问候着：“冷不冷？累不累？饿不饿？”我分明感受到不善表达的双亲内心的激动。父亲有些耳背，虽大声和他说话，仍常常答非所问，惹得我们笑声不断。我一再说在飞机上已经吃过饭，但母亲仍坚持下面条给我吃，“起脚扁食（饺子）落脚面”是她坚持的习俗。

一家人围坐一起，幸福地聊着家常，还是记忆中的那个家。走得再远，时隔再长，家，其实一直在这里。

我问父亲：“院里树上怎么会有那么多的鸟窝？”

父亲说：“你小时候不就有吗？”

哦，是我不记得了，鸟窝一直就有。

我问：“都是什么鸟儿呢，冬天也不到南方去？”

父亲说：“大都是山马嘎子，也就是书上说的喜鹊。喜鹊是恋家的，喜鹊登枝，是给家添喜的。”

二弟说：“这种鸟搭的窝很结实，它们一般衔来铁丝和树枝来筑巢，再大的风也吹不掉。不管飞多远，这种鸟一定会回来找自己的窝。”

电视上在播放广州火车站滞留旅客十万人的新闻。母亲说，过年了，在外的人都想回家。

看着电视画面上拥挤的人群，我沉默了。家是什么？对很多人来说，家是一种等待，一种守候，一种希望。但在我心中，家，是心灵的原点。

（2016 年 2 月 3 日）

平原落日

从济南向西，是一望无际的鲁西大平原。

下飞机后，开着预约小车，在高速路上疾驶。路似一条长长的飘带，在大地上延伸，似乎总无尽头.

忽然发现一轮大大的太阳悬挂在西方的天空，在辽阔的平原上显得那样红艳而凄美。一条雄浑的大河在大地上静静地流淌，落日给似乎凝结的黄色河水涂上了古铜色。

一、土地

这是一片充满苍桑的厚重的土地。

离家二十载，每次回来都有一种说不出的复杂心绪。也许是生于斯长于斯的原因，早已融入南方生活的我，心中总会有如烟如雾般挥之不去的惆怅，丝丝缕缕，若隐若现。目之所及，故乡的一草一木似乎都是触点，总能唤醒内心深处久远的记忆。

二、落日

落日，你可是当年那个伴我回家的落日？

记忆中，每天放学后，母亲总是给我安排相同的任务：割草。家里穷，要靠养几只羊和猪贴补家用。已满八岁的我当然要承担起这个任务。

在空旷的原野上，一个农家男孩，手拿铁铲，肩扛柳筐，出入田间地头。夏日斜阳似火，少年挥汗如雨，大颗大颗的汗珠滴在鲁西平原的泥土中。有时三五友伴，有时独自一人；有时躺在大地上看天上飘动的云朵，有时在大雨到来时扯着嗓子唱不着调的村歌。太阳快落山的时候，少年背起一筐重重的草，弯着腰回家去。落日相伴，少年的身上满是金色。身后的影子越拉越长，少年回家了，太阳也落下了。

日复一日。有时落日会看到割草回来的少年跳入村外的水塘里，用狗刨的姿势在水中嬉戏；有时落日会看到回家的少年在路上用土块与邻村的孩子发生“战争”；有时落日也会看到少年爬到高高的树上掏回巢的鸟；有时落日则会看到少年孤独一人在萧瑟秋风中看黄叶飘落。等晚霞完全褪去，月亮升起，少年才在母亲的呼唤声中回家吃饭。

每次回来，都会因为开车超速而收到罚单。今天，在车辆稀疏的济聊高速上，看着缓缓西沉的落日，我却并不想急着赶路。夕阳如金黄的玉盘一点点靠近地平线，绚丽了半边天，广袤的鲁西大地显得寥廓而静美。

三、贫穷与磨难

这片土地经历过太多的贫穷与磨难。

记得小时候，每到吃饭时，母亲掀开锅，我看到的都是红薯或者红薯面做的黑窝窝头。吃多了胃里总是往外吐酸水。我多次央求母亲换一换，母亲总是苦笑着对我说，孩子，有吃的就不错了。早些年很多人因为挨饿闯了关东，善于精打细算过日子的母亲能够每顿饭有东西让我们吃实属不易了。

一个冬日的黄昏，已不见落日。我在淡淡的夜色中回到家，听到父亲和母亲在黑黑的屋子里商量着来年一家人的生计：一年只分了 50 斤粮食，日子怎么过得去？那一刻，我懂得了生活的艰辛和父母的不易；也是那一刻，我感觉自己一下子长大了。

土地分到各家后，我除了割草之外，开始帮父母干农活。印象最深的是拉犁。家里没有牛，农耕时，我和姐姐在前面拉犁，父亲在后面扶犁，母亲负责平地，弟弟年龄小帮不上忙。绳子深深地勒在肩上的肉中，红红的，要磨出血的样子。母亲总是说累了就歇会儿吧，父亲则默不作声地停一停再让我们继续。

割麦子的活儿更是要把人的腰累断。手上磨出血泡，汗水让人睁不开眼，背上晒得热辣辣地疼，隔一天就脱一层白白的皮。大日头下把带来的水早早喝干，嘴唇干得简直要冒烟。有时躺在麦茬上，一秒钟就能睡着。从太阳没出来，到太阳落下去，再到月挂中天，家家都在抢收。这是在鲁西平原上生活的人永远不会忘记的艰辛。

四、上学

母亲常常说，只要你愿意上学，砸锅卖铁也供你。

无数个黄昏，我独自走在村外的田野上，看落日余晖，思考未来的生活。我觉得，落日带给我的感受远比旭日更深刻，也许因为日落之后接下来的夜色会让我在淡淡的原始忧郁中有着更深更重的思考。

要走出这片贫瘠的土地！我告诉自己。

要拥有属于自己的更大的世界！我对自己说。

在书中，我看到命运的希望之光。

无数个深夜，我在煤油灯下苦读，不知道时间；无数个清晨，我乘着朦胧的月色走在上学的路上，也不知道时间。冬日严寒，手脚冻得像馒头，继而开裂流脓；夏日酷暑，衣服湿透，蚊虫叮咬，满身都是红包。

我从没感觉到苦，因为心中有光的指引。

我喜欢日落之时在雪野上穿着厚厚的棉靴疾行并放任自己的思绪；我喜欢对着远方雪国放声呼喊从而惊觉冬日雪后无食可觅的野兔并与它一起奔跑；我喜欢趴在冰封的大地上用手一点点扒开厚厚的泥土寻找深埋的嫩芽，感知春的气息；我喜欢跌倒了爬起、再跌倒再爬起、追逐落日、沐浴晚霞的兴奋。

鲁西平原上，一个少年开始慢慢认识自己，认识世界，认识人生。

五、感悟生死

对生命更深的认识也是在一个日落之时。

那是一个日挂树梢的下午，天上有好多云。家里聚了很多人，十三岁的我知道，疼爱我的奶奶快不行了。我和伯父、父亲等家人立在奶奶睡着的炕前轻声呼唤着她。我第一次感觉到死亡的恐惧，也是第一次感受到痛彻心扉的难受。当伯父和父亲以及亲人们跪在地上大哭的时候，我意识到，奶奶死了！我将永远没有了她！

我清楚地记得，那天西方的天空是大片大片的血红色，久久没有褪去。大人们把奶奶抬到正屋中央，我和族人们围在两边哭了好长时间。哭声在渐渐暗下来的村子上空回响，以致村里的人大多都来了。

以前我不知道死是什么，总认为死是与自己无关的很遥远的事情。奶奶的去世让我开始思考生与死。奶奶停灵三天下葬的时候，同族二伯指着祖坟里一大片坟头告诉我，哪个坟头下面埋的是哪一个祖上，让我不要忘记。望着坟茔上摇曳的枯草，我意识到世间有生就有死，死是人无法摆脱的宿命。

两年前父亲的突然离世更让我认识到生命的无常。

父亲年轻时是一名海军，威海海域的战舰上曾有他飒爽的英姿，刘公岛的岩石上一定有他迎风而立的身影。家里的镜框里一直存有一张父亲头戴水兵帽、身着海魂衫的照片。我想，父亲曾有过多么精彩而有意义的青春。可是，一生正直、善良、宽厚、隐忍、勤劳、坚强的父亲竟没有给我床前尽孝的机会，远隔数千里的我在父亲离世时没能陪在他的身边，这成了我内心永久的遗憾，每每想起，心中都会隐隐作痛。

我常常在夜深人静时告诉自己，死，人之不欲；生，人之永求；欲求皆不能尽随人愿。有生有死，向死而生，生为缘来，死为缘去。唯以旷达之心看待人生，方能超越痛苦，快乐永继。

太阳落下去，明天还会升起。明日之太阳既是今日之太阳又不同今日之太阳。太阳每天都延续昨日的光辉，每天又会升起全新的太阳。日出和日落之间是时光，人生就在这时光里运行。人若不负此生，也应不负每日时光，以及时光里遇到的每个人和每件事。

天渐渐暗下来，西方天空仍留下大片的晚霞，好似历史久远的风景画。我和车子如同在历史的时空中穿行。

孔子曾带弟子三千在这片土地上以儒学立说，成就万世师表；公子小白也曾在这片土地上以春秋五霸之首号令天下。孟子、墨子、孙子在此百家争鸣；罗贯中、蒲松龄、李清照在此名垂青史。

他们都不曾辜负百年时光。

时光也将他们永远留在时光里。

随着年龄见长，岁月磨砺中内心开始接纳泛神论的思想。时光有知，万物有灵，人与万物，本为一体。从这个角度看生命，精神不死，人可不朽。

六、感悟家的温馨

车，驶到家门口。

朦胧夜色中，八十多岁满头白发的母亲坐在轮椅上，正在翘首以盼。

三岁的乐儿飞过来扑在我的怀里。

我抱着乐儿走到母亲身边，揽着她的肩，用手梳理着她的银发。母亲眼中的笑意带给我心灵深处最真切的温暖。

家，我回来了。

家教之语

父母的不良情绪给孩子的潜在伤害

深夜，一位班主任打电话给我，说班上一个男生近几日神情恍惚，情绪很不好，常常一个人发呆，刚刚，这个孩子在洗手间悄悄用削笔刀划伤了自己的手臂。

班主任带学生在医务室包扎后，单独与他谈心，可是孩子封闭自己，一言不发。经与家长电话沟通才了解到，这是一个单亲家庭，父母离婚，孩子和爸爸一起住，爸爸因为婚姻问题常常对孩子发火，认为孩子是个累赘。孩子认为自己真的成了这个世界上多余的人，于是心理出了问题，对生活失去了信心。

做教育工作多年，我深感初中阶段的孩子心理敏感而脆弱。他们渴望成长、成熟，渴望被尊重、被理解，渴望在这个世界上拥有更多的存在感、幸福感。可是，成年人（特别是父母）往往生活在自己的情绪中，忽略孩子的心理需求，某些有意无意的言行，特别是失控状态下的情绪给孩子带来的潜在伤害是很大的。

并非否认父爱和母爱。父母的情绪是风，孩子的心情是树，微风可以送暖，疾风则可以断枝。

以前曾经教过一个学生，她告诉我，自己不想回家。我感到奇怪，她说："老师，你不知道家里的气氛是多么压抑，每次周末回家，我都几乎要窒息。"原来，她的父亲性格暴躁，一点小事就会惹怒他；母亲心理抑郁，动不动就寻死觅活。一个不想回家的孩子，内心该有多么孤独和恐惧。后来，我专门做了一次家访才知道，这个学生的父亲因工厂倒闭，欠债很多，压力过大而情绪常常失控，母亲也因此得了抑郁症。

家庭本应是孩子的港湾，可是父母却不能给予孩子应有的庇护。社会和命运对成年人造成的压力转嫁给孩子，这对孩子是不公平的。有人调查后认为，让孩子生活在一个连空气都充满焦虑和不安的家庭中所造成的伤害，或许远远超过一个和谐的单亲家庭的影响。很多人活了大半辈子，情绪却不成熟，内心难以冷静地面对生活中的问题。无法自控的负面情绪，常常伤害身边的亲人。

我们承认，每个人在特定情况下都可能出现负面情绪。一旦情绪不佳，也应寻找一个宣泄的出口，但发泄对象绝不应是心智尚未健全的成长中的孩子。孩子不是父母的“垃圾桶”，不是父母的私有物品，而是有丰富情感的独立个体的人。优秀的父母一定是善于管控自己不良情绪的。

家长优良情绪的指数决定了孩子在家庭中的幸福指数。稍不顺意，动辄责骂孩子，甚至给孩子扣“帽子”、主观定性的做法，是要不得的。叛逆期的孩子顶撞家长是常有的事，有的父母采取硬碰硬的手段，不惜动用拳头让孩子屈服。姑且不说体罚带给孩子身体的伤害，单就孩子的内心因暴力产生的伤痛而言，消除需要较长的时间。更令人担忧的是，强权式的压制给孩子未来的性格造成的不良影响可能是深远的。叛逆期是孩子建立自我个性的时期，他们有时并非有意而为之，而是遵从自己内心的尚不成熟的意志行事。因此，父母最佳的教育方式还是耐心地沟通，找到与孩子情感的契合点，而不是采用极端措施。

父母需要成长和进步，需要不断地修炼和提升。请记住，孩子生活在父母的情绪营造的家庭氛围中，他的未来一定有父母的影子。如果不给孩子伤害，就请父母从情绪管控和优化开始。

（2017 年 3 月 10 日）

家庭与学校应有的八点共识

一个人来到这个世上，一般要接受三个领域的教育：家庭教育、学校教育和社会教育。

社会教育如同空气，无所不在，终其一生，人都要生活在社会大环境中。而家庭教育和学校教育有其特定的阶段性，错过关键期，可能会对人的一生产生转折性的影响。

家庭和学校在教育方面应有以下八点共识。

一、家校，是同心圆

曾经收到一位家长的邮件，邮件中表达了这样一种观点：家长是学校的“客户”，学校要为“客户”全面负责。

这封邮件引发了我对家庭和学校关系的思考。

以前也曾听到某些家长这样评论：学校和家庭是“统一战线”“同盟军”，是“一个战壕的战友”。如果这样定位家校关系，则把家庭和学校捆绑在一起，将孩子置于家校的对立面，孩子心中会如何想？

如果像那封邮件所说，家长是学校的“客户”（家长可能是做生意的），那孩子岂不成了产品和商品？

家庭与学校到底是什么关系？

我认为，家庭和学校在教育孩子方面应当是“同心圆”的关系，孩子就是共同的圆心！

同心圆中，家庭是小圆，学校是大圆。家庭教育从孩子一出生就开始了，甚至孩子在母体中接受的胎教也可以看作家庭教育的雏形。家庭完成了对孩子的启蒙，孩子在入学前就已经被父母引导着开始了对社会和人生的初步认知，而这些前期认知将会影响孩子的一生。学校教育的外延大于家庭教育，高于并涵盖家庭教育。虽然我们知道，老师的爱不能代替父母之爱，家庭教育和学校教育的内容和方式有很多方面的不同，但是，我们必须坚持师爱高于并大于母爱的思想。家长想到的，老师必须首先想到；家长担忧的，老师必须首先担忧。我们应倡导“先家长忧而忧，后家长乐而乐”的教育责任，特别是寄宿制学校。如果学校做不到这一点，一定是学校教育的缺失。

二、教育，需要真爱

没有爱的教育是伪教育，但是，如何去爱？未必每一个家长和老师真的明白。

母性之爱如同温婉的水，细致，甜腻。父性之爱如同高峻的山，宽厚，深沉。孩子在这一对严柔相济的爱中得以成长。研究表明，一个人在成长过程中需要的母性之爱呈递减趋势，父性之爱呈递增趋势。因为成长意味着走向独立，父性之爱的特点会让孩子拥有更多自己的空间。

教师应承担怎样的爱的角色呢？母爱如水，父爱如山，师爱应涵盖父母之爱，应有山川、大河一般的山水之大爱，在孩子成长的关键时期，走向前台，担当引领的重任。

可是，在家庭和学校教育中，很容易出现爱的误区。

1. 孩子中心论

在一个家庭中，孩子是爱的中心；在一个学校中，孩子也是爱的中心。但是，家庭中的孩子和学校里的孩子是两个外延不太相同的概念。家庭中的孩子是个体，学校中的孩子是群体。因此，家长不能要求学校将自己个体的孩子作为中心，而应让学校在教育工作中关注孩子这个整体，“幼吾幼以及人之幼”。家长要教育孩子适应集体生活，这是孩子适应未来社会的第一步。你不能陪伴孩子一生，就要舍得及时放手。要相信孩子在集体生活中克服困难、消化委屈的能力。社会从不会溺爱任何人，从不会把某个人作为中心，今天你不教会孩子独立，明天这个世界会逼他独立。

2. 惩戒不是爱

“老师对学生的任何惩戒都可能引发家长的质疑、不满甚至投诉”，这是很多老师现在遇到的困惑。

如同一棵树，恣意地生长肯定不能成材，园林师的工作除浇水施肥之外，就是修剪旁逸斜出的枝条。有人对“没有惩罚的教育不是完整的教育”这句话不认同，但，这却是教育必需的。一切基于矫正不良习惯或过错担责的惩戒，在不伤害孩子心理的前提下实施，都是不可或缺的。当然，惩戒之后对孩子爱的补救也是不可忽略的。

现代教育似乎过分强调鼓励性教育，而对惩戒性教育却不愿多谈，其实，这是一种不愿担责的教育心理。表扬与鼓励是“营养”，批评与惩戒是“能量”，只有营养没有能量，营养是会浪费的，只有能量没有营养，能量就是空谈。

注重心理教育的惩戒也是爱。

3. 踩死“一只受伤的蝴蝶”

一只蝴蝶的翅膀受伤了，无法飞起来，只好伏在草地上。一个年轻的妈妈带着两个孩子在观察这只蝴蝶。

不是每只蝴蝶都是美丽的，尤其是翅膀受伤的蝴蝶。

一个令人惊异的请求——年轻妈妈请正在散步的我将这只受伤的蝴蝶踩死，理由是两个孩子不喜欢，蝴蝶赶也赶不走。

年轻的妈妈竟然当着两个纯真孩子的面要踩死那只受伤的蝴蝶，这会在孩子心中埋下怎样的种子？在风景秀丽的公园，刚刚开始认识世界的孩子与美丽的蝴蝶邂逅，不正是妈妈对孩子进行爱育、美育甚至生命教育的最佳契机吗？

我双手将蝴蝶轻轻捧起，放在远处一棵花树上，然后对着年轻的妈妈做了一个双手合十的动作。希望她能明白我的心意。

爱不应是狭隘的，给爱空间，把爱放大，让爱放飞。教育需要大爱，更需要生命之真爱。

三、成长，需要挫折

世界上有一种大型的蝴蝶名叫帝王蝶，非常美丽。之所以称为帝王蝶，是因为它长着一对长达几十厘米的翅膀，双翅上的色彩更是绚丽无比，让人叹为观止。

但是有谁知道，这种美丽的生灵在破茧化蝶的过程中要付出多大的代价！据说，在破茧的过程中，帝王蝶要经历生与死的考验。因为，这种蝴蝶的翅膀巨大，而茧供帝王蝶钻出的缝隙又十分狭小，那娇嫩的身躯必须拼尽全力方可破茧而出。有人心生怜悯，拿剪刀剪大了蝴蝶钻出的缝隙，以便它从容通过。但是，这样出来的蝴蝶却没有像人们期望的那样张开巨大的翅膀飞翔，而是一直匍匐在地上，最终痛苦地死去。

原来，帝王蝶只有在挣扎而出的瞬间，经过茧上那个狭小的缝隙对自己身体的挤压，才能把养分输送到翅膀的末端，也只有通过这种挤压才能使两翼充血，从而锤炼出一双令其在空中自由飞翔的翅膀。

蜕变的过程一定很痛，但有痛才会有新生，才会有成长！有些挫折，不可绕过，只能走过。

一位长途货车司机，每到假期出车时都会将孩子带上。一路上他没有过多的话语，只是在上坡的时候提醒孩子：注意，要上坡了！在负重的货车艰难的爬行中，孩子明白了很多道理。

后来，当那个随父出车的孩子博士毕业接受记者采访时说，没有文化的父亲让自己懂得了一个朴素的道理，成长如同上坡，需要挫折。

这就是“成长学”中的“上坡理论”。

四、心灵，需要唤醒

一位哲人说，教育，是点燃智慧的火焰，是唤醒心灵的细语。

上帝让一个生命降临人间，一定赋予这个生命以特定的智慧，以使他在这个世上立足和行走。只不过有的人一开始心智是沉睡的，而教育则承担着唤醒的使命。

悟与不悟之间只隔着一层薄薄的“纸”，但是这层“纸”何时被何人以何种方式点破却大有学问。有时，“火候”未到，这层“纸”再高明的人也无法点破。不是每一朵花都在春天开放，“学会等待”也是教育的一种素养。

在这个浮躁的社会，很多人的耐心是有限的，尤其是拿孩子攀比的家长和热衷成绩排名的老师。

请记住，不是每一个孩子都能考第一，不是所有的孩子都可以上北大和清华，而成功与成绩和排名从来都没有绝对的因果关系。教育就是帮助每一个孩子找到属于自己的生命方式和生命价值，如果所有的人都以同一种生命的姿态生活，这个世界将会多么单调和乏味。老师只是孩子成长过程中的相助者和引领者，当然，我们希望每一个老师都成为孩子成长路上的高人和贵人。

五、影响，无处不在

你的影响超乎你的想象。

每一个家长一定能从孩子身上找到自己的影子，这个话题与基因无关。

一个送孩子上学的父亲，当他随手将还未熄灭的烟头从车窗向外抛去的时候，他的孩子已记下了这个镜头。

孩子放学回家，看到父母在大声喧哗着打麻将，这一幕将会定格在孩子的心中。

两个家长开车送孩子返校，不小心两车轻微相撞，家长下车拳脚相加，两个孩子劝解不成只好默默观战……

家长和老师所有外显性的细节都会成为一粒种子，不管是莲花还是罂粟，都会在孩子的心中发芽滋长。

俞敏洪曾与人说，他天生怕老婆，其实，他坦言，在夫人面前“骂不还口、打不还手”的信条来自于他父母早年的“示范性动作”。

父母，是孩子最早模仿的对象，影响力不可小觑。老师，更是潜在的偶像，学生会不加置疑地追随。家长和老师的修养决定了孩子的层次，生活中的言行举止都是教育的加分点或减分点。

请记住，教育是在细节影响中发生着的。

六、理解，需要共情

共情，指的是一种能深入他人内心世界，将心比心，体验对方感受的能力。

家庭与学校在教育孩子方面尤其需要包容性的共情，这是沟通的基础。

微信时代来了，给信息传递带来了爆炸式的革命。但是，学校与家庭信息的不对称和信息快速传递的随意性也给教育带来了很多问题。一个个例被一个信息发布者有意夸大，或者以讹传讹，舆情可能会迅速发酵，微信圈便是“推波助澜”的推手。

人是很容易被感染和洗脑的动物。曾经有位女老师因为生育需要休息，学校调换了另一位老师来任教。一位不明就里的家长在微信圈中发布消息说学校中途随意调换老师，对学生和班级不利，于是发动家长到学校讨要说法。虽然学校早已告知家长，但是家长还要自己挑选老师。这是一种缺乏共情意识的情绪，也是一种教育的绑架。

理解，需要换位思考；家校，需要共情共融。学校管理规则的设定一定是着眼全局而非针对个体的。当个体在规则面前遇到不便时，家长能否多一分理解和沟通，而不是随意在“圈”中挑动舆情？

七、成功，没有模板

这个时代，需要怎样的教育？未来社会，需要怎样的人才？

英国《新科学家》报道，“脑机对接”技术正不动声色地挑战人类发展的极限。这一方法目前已经在一些瘫痪病人身上完成了试验。斯坦福大学的克里希那·谢诺伊（Krishna Shenoy）正在研究如何通过算法的改进来提高大脑内植入物的精确度，他相信，“脑机对接”将很快达到或超过已有的电脑控制技术的水平。

这是一个怎样的时代？无法想象我们的孩子在几十年后将会面临怎样的世界。今天的教育，成功的标准如何确定？

时代，在快步走向多元和多极，成功，不会有模板，但其核心价值是否可以将“精神、品格和创新”纳入其中？

精神的成长是最大的成长，人品的成功是最大的成功，思维的创新是永恒的法则。

在这个飞速发展的社会，你把所有的一切，包括生命、财富和地位全部交给孩子，你的孩子也未必成功。只有精神的强大、品格的卓越和思维的求异才能拥有成功的资本。

如果想让你的孩子精神强大，就把那些强大的东西融入他的内心；如果想让你的孩子人品高贵，就把那些高贵的种子从小植入他的灵魂；如果想让你的孩子思维超越，就把那些有生命活力的思想注入他的大脑。这就是成功的培养。

教会孩子如何做一个成功的人，是家庭和学校成功教育的根本。

八、携手，改变社会

一己之力改变社会不可能，但携手之力可以改变社会之一隅，一隅之变则可以引发社会之大变。

人是环境的孩子，环境塑造人。

我们深知，这个社会很多地方让很多人不满意。世风日下，我们的下一代如同身处沉沉雾霾，怎么能洁身自好？但是，太多的抱怨之声中又有多少人思考如何去改变这个社会？似乎改变社会是国家的事情，殊不知，人是社会的人，社会风气是个体人的素养的集中体现。从某种意义上说，改变了自己，也就改变了社会。

为了孩子，让我们携手改变自己，改变社会。

（2016 年 10 月 23 日）

在最美的时光，与孩子同行

——给家长的一封公开信

尊敬的家长朋友：

您好！

值此新春佳节到来之际，东华初中全体教职员工向您致以节日的祝贺！

弦歌不辍声声远，书艺无涯步步高。又一年，时光飞逝；又一春，花木勃发。行走于365个日子，我们一起，用心、用爱陪伴着孩子同沐一路风雨，共享一朝花开。

为人师，为父母，人生最大的乐事莫过于在孩子最美的时光，与他们一路相伴，为他们撑起一方快乐的天空。岁末岁首，以粗浅文字，我们与您分享和孩子同行的快乐！

采几许精彩留心间，拈一朵微笑润华年。回眸过往，点点滴滴成温馨，丝丝缕缕凝真情。书声琅琅吟唱最美的青春，诗文飘香浸润孩子的心灵。

曾记得，孩子初入东华，您是那样地牵念：寄宿于学校，孩子能否适应？能否吃好睡好？东华会还您一个什么样的青春少年？

曾记得，孩子度过了适应期，开始悦纳东华，您开始关注孩子的学习。既希望孩子成绩优异，又希望他们快乐无忧。

曾记得，孩子回家向您叙说校园故事，您与孩子同乐同悲。您开始好奇缤纷的东华园，所有关于东华的信息，都成为您微博、微信关注的焦点。

曾记得，您为孩子的进步而开心，为孩子的懂事而幸福，为孩子的烦恼而焦虑，为孩子的困惑而忧心。

曾记得，您为东华的每一点进步而骄傲，为社会对东华的每一份赞誉而自豪。您对东华有太多的赞美。因为，东华有您一生最大的希望。

与孩子同行，与东华同心，在孩子一生最美的时光，您走得那么坚定。

还记得，“黄旗山远足”，部分家长和老师偕同几千名东华学子，用青春丈量大地，以意志砥砺担当。猎猎校旗，声声誓言，震撼着一颗颗青春跳动的心。远方有我们的梦！

还记得，“体育艺术节”，别出心裁的入场式如同“小奥运”。赛场上风驰电掣般的健儿在诠释着“东华精神”。

还记得，东华初中“3+X 动态课堂”日臻完善，孩子们在课堂上充分享受探究的快乐和成功的体验。孩子们成了课堂的主人，课堂成了孩子们放飞心灵的智慧场。

还记得，“校本课程”展示活动中，您与 1000 多名嘉宾参与的环节。张扬个性，与兴趣接轨，拓展性、探究性课程让孩子们更全面地认识了自己，发掘了自己。活力四射的阳光少年与志趣同行，与个性为友，丰富的校本课程如同自助大餐，给他们带来了充足的营养。

还记得，“元旦晚会”，孩子们青春与才艺欢歌，快乐与自信飞扬。东华版《小苹果》奔放激荡，一曲师生联唱《明天会更好》惊艳全场。

“大教育，大视野，大胸怀，大境界，大格局”，东华人站在时代的潮头，努力丰富着“大东华”的内涵。

太多的记忆，太多的精彩，都珍存在东华的日记中。这些精彩关乎孩子们的梦，是五彩斑斓的；这些精彩关乎教师的愿景，教者仁心，用爱凝聚；这些精彩关乎每一位家长的希冀，可望，可即；这些精彩还关乎东华的追求，本真，致远而璀璨。

一年又一年，太多的精彩，慢慢沉淀；太多的快乐，慢慢咀嚼。在时光的隧道里，所有的记忆都定格成一个个悠远的回味，一个个优雅而坦然的微笑。

2015 年，新一年的曙光已经在眼前绽现，依然那样明丽而绚烂。

让我们采撷一朵微笑，再次与孩子同行。

让我们在静好岁月中守护孩子的成长，静听花开的声响。

东华，因您的陪伴会更加精彩。

孩子，因我们共同的瞩望将更加卓越。

羊年来了，让我们与孩子“羊”（扬）起生活的风帆，同行于“羊”（阳）关通途！

东华，在这里。

祝福，永远！

请告诉孩子

很多学生问我，人生的意义是什么？

我说，追求幸福，为自己，也为别人。

开学了，孩子们又回到熟悉的校园。灿烂的笑脸如春花相映，温暖的问候似春风拂面。

可是，老师也发现，有的孩子不愿上学，带着满脸的苦相被父母逼着送到学校。

是留恋家庭温暖的小窝，还是沉溺不加约束的假期生活？是畏惧学习的压力，还是无法摆脱成长中的烦恼？

幸福，是心灵原野上自由生长的花朵。孩子的世界本应鲜花盛开，为什么他们的天空有时却有凄风苦雨？

面对不快乐的孩子，首先要让他明白一个问题——“什么是幸福？”然后，父母和老师都要帮助孩子寻找幸福，发现幸福，感知和体验幸福。

1. 告诉孩子，父母之爱是幸福之本，永不消减

每个人无论出生于什么样的家庭，不管父母富贵贫贱，他们对孩子的爱与生俱来，永不消减。严是爱，慈是爱，希望、嘱托甚至责罚都是爱。

父母之爱，是我们人生漫长旅途中不会消减的永远的温暖。

2. 告诉孩子，老师之爱是幸福之水，润泽心灵

这个世界上，老师是父母之外与你没有血缘关系却与父母一样愿意对你投入无私大爱的人。

老师的爱涵盖父母之爱，因为老师肩负着对学生学业教导和人生引导的责任。师爱不能仅是单纯的生活关爱，还应有规范、约束甚至鞭策之举，其实，这些都是爱。

师爱如水，是学生稚嫩心田上的清泉。有时似小溪，有时亦似浪涛，但终会渗入学生之心，并且长久润泽。

3. 告诉孩子，同学之爱是幸福之叶，枝繁叶茂

同窗之情，手足之谊，知己之心，是一个人成长中应当拥有的珍宝。如同一棵大树，同学就是相互依存、共同成长的枝叶，只有枝繁叶茂，才能绿荫如盖。微笑，接纳来自同学的友情；善良，给予同学真诚的帮助。你是同学的一个幸福因子，同学也是你幸福的一个因子。

学校，是孩子寻找知己的地方。有知己，就有心灵的安放和幸福的飞扬。

4. 告诉孩子，艰难困苦是幸福之径，玉汝于成

幸福不是安逸，更不会从天而降。成长不是坦途，从来就是磨难重重。幸福和磨难是相辅相成的孪生兄弟。

没有压力就没有动力，没有竞争很难有进步。大树成长需抵抗风雨，梅花盛开需凌霜傲雪。

正在成长中的学生，有什么理由因一些正常的学业压力而悲悲戚戚？不要封闭自己的心门，把所谓的痛苦释放出来，还自己一个清爽的、快乐的、进取的、敢于逆风飞扬的少年！

少年心事当拿云，谁念幽寒坐呜呃？

5. 告诉孩子，天生我才是幸福之基，我就是我

每个人都有别人不及的特长，每个人手中都有一把上帝赐予的打开幸福之门的金钥匙。

成长中的孩子要以“天生我才必有用”的心态去发现自己，成就自己。向高手学习，但不因高手妄自菲薄，向强者致敬，但不被强者扰乱自信。我就是我，幸福就在自己心中，就在自己脚下。

幸福需要土壤，家庭和学校都应为孩子培植幸福的种子。

幸福需要阳光，父母和老师要做孩子永恒的光热源和能量源。

幸福需要环境，社会要为成长中的孩子荡涤污浊，拓展空间。

如果孩子感到不幸福，父母应反思：家庭是否给孩子提供了足够的温暖？父母是否与孩子进行足够的心灵的沟通？“恨铁不成钢”“望子成龙”的思想是否给孩子带来无法承受的压力？

如果孩子感到不幸福，学校应反思：是否给学生提供了更适合的教育？是否营造了学生和谐的学习氛围？学生的课业负担和学习压力是否过重？是否允许孩子犯错误？是否允许孩子个性的差异以及是否允许孩子努力后成绩依然不优秀？是否帮助孩子找到属于自己的自信？是否提供了与学生的年龄、心理更契合的教育教学管理？

如果孩子感到不幸福，社会也应反思：孩子是未来社会的支撑，今天的社会是否给孩子提供了健康的成长环境？是否给教育提供科学的适应未来人才成长的机制？是否从导向、评价和教育均衡上解除父母对孩子教育的严重焦虑和套在学校老师身上的枷锁？社会是否有足够的宽容度给孩子提供自由发展的平台？

家庭，应是孩子幸福的港湾。

学校，应是孩子幸福的码头。

而社会，则应是孩子幸福的“梦工场”。

父母，要成为孩子幸福的“酿制者”。

老师，要做学生幸福的“布道者”。

而社会，则应给孩子提供追逐幸福的更大空间。

（2018 年 3 月 8 日）

东华之语

从东华山到黄旗山

从东华山到黄旗山，往返十余公里。

东华是座山，不高不险，却有名称奇。万千学子于此幽雅之地求学，书香甚浓。于东华山最高点俯瞰，莞邑名山黄旗山一览无余，其景蔚为壮观。

东华山，才子才女如云，人杰地灵。

黄旗山，绿树绿水如玉，钟灵毓秀。

一山才俊聚集，一山红灯高挂，两山相望，默默神交久矣。今日，东华学子偕同师长4000余人于冬日暖阳下从东华山出发，远足“丈量”黄旗山。旌旗招展，步履坚毅，绵延几公里的队列以如虹之势向黄旗山峰进发。

东华山的使者来了，带着歌声和笑语，带着青春和梦想来了！

过农田，经池塘，爬陡坡，穿林间，狭窄的乡间小路蜿蜒向前。坑洼，石子，荒草，泥泞，威武之师的脚步从未停留。进入山峦，绿道如飘带萦绕山腰，旗帜迎山风猎猎作响。步伐铿锵有力，歌声震林梢，前者呼，后者应，何其欢乐，何其豪壮！

父母的脸和孩子的脸一样红润，手持小旗，风中疾行；老师和学生一样开心，头戴花帽，前引后随。每一双眼睛都在笑，所有的心灵都在山间放飞。笑声融于笑声之中，成为欢笑的海洋；身影叠加身影之列，成为坚毅的磐石。游人驻足，惊诧于浩荡阵容；鸟儿翻飞，惊喜于宾客盈门。山风清新，丽日温暖，绿色弥漫，心境澄澈。放下沉重的包袱，只顾诗意的远方；忘记身心的疲惫，唯愿勇敢地前行。

东华的课堂是动态的，不囿于教室几十平方米的空间；东华的讲台是无限的，不只三尺之宽。今日，黄旗山进入课堂，绿色山林成图片，强健体魄是内容，磨砺意志是主题，弘扬精神是目的，双腿灌铅与汗流浃背是成长的必需条件。其实，何止一个黄旗山，整个自然皆为课堂。体验、感知、欣赏、领悟，打通视、听、触、味、嗅等“五觉”，动静结合，言行并用，情思凝聚，身心融入——此之谓“东华大课”也。

每个人都是一个小“宇宙”，成长中的孩子需要全方位吸纳更多的信息。单纯的知识只是抽象的符号，虽然符号有时也可化为底蕴，但远远不够。抽象之物极易随风而逝。教育需学生多层次、多样化、多渠道、多感官去吸纳与体验，从而实现能力的主动提高，而不是仅靠输入而被动地提高能力。

今日东华从此山到彼山，迈开了自己的步伐。东华即山，当有山之气魄。

构建“东华大课”并非易事。路途遥遥，沟沟坎坎，绝非仅是赏景之乐。

其实，我们一直在“远足”，在试图翻越一座又一座的“高山”。沿途景色宜人，但既非坦途，何来惬意？很多学生在行进中摔倒，也有家长带孩子中途离队，更有老师与学生将路径走错。行至最后，启程时的生龙活虎、满目春色，大多已变成腰酸骨散、举步维艰。登山不易，远行更难。但非登高不可望远，非远行不可觅得至美胜境。

很欣赏某一公司总裁于今日陪孩子远足时对此历练之旅的建言：玉不琢不成器，温室难有长木，东华应坚持此行。

东华山不高，需学子志高；黄旗山不远，需学子志坚。因为，我们有很多的“山”要登，很多的“路”要走。

（2015 年 12 月 6 日）

东华，令人惊艳的中考红

中考首日，红色，惊艳着东华人的眼球。

老师，红装，吉祥，喜庆。

热烈奔放的红，令人惊诧的艳。

是风景，也是海洋。

声声暖语，款款祝福，力量在传递，信心在激增。

送考的校间道路，红色已为主色，师生演绎着六月的感动——

“老师，和我击个掌吧！”

“加油！相信自己！”

“老师，拥抱一下！”

“你是最棒的！”

“老师，祝福我！”

“中考成功！”

“老师，有点儿紧张。”

“记住，你是东华的学生！”

红色与红色相连，笑脸与笑脸相映，心与心相融，情与情相契。

送考，涌动着温情，真情，激情，还有一种豪情！

老师身上的红，绝不仅仅为中考而穿，其意义早已超越中考本身。红色中有祝愿和祝福，更有对孩子们这段珍贵记忆的铭记。正如中考，学生绝不仅仅是为了分数，更是为了获取一个证明，一种历练，一份自信。

老师们如此说：

“我要上上下下、里里外外都穿上红色，我‘红’，是为了我的学生‘红’！”（笑语）

“红色，是一种快乐的暖色。中考是选拔性的考试，我希望红色可以让学生们内心愉悦地走进考场。”

“初升的太阳就是红色的，红色是光明和希望的象征。我穿红色，我的学生们一定会充满信心！”

在东华，红色，已成文化。

老师，以赤诚之心把红色祝福送给学生，红色，如同基因，将永远植入孩子们的记忆。

从这里到远方，学生心中的红色风景应是永恒的。

（2016 年 6 月 20 日）

九十九级台阶

山是一座学校，学校是一座山。

山的制高点，是400平方米运动场。山林半拥，山风习习。浓浓的负离子，让你感到每一个肺细胞都在欢唱。放眼北望，东莞龙脉黄旗山如同一面旗帜，徐徐展开，山顶的红灯笼在万绿丛中格外艳丽。转身南顾，视野越过山林，波光粼粼的同沙湖，烟波浩渺，为这座南国开放小城增添了无限的灵性和无尽的魅力。

学校，就在旗峰山下，同沙湖畔。

校园内，有一段石阶，直通高处。绿树掩映，别有一番韵味。建校之初，因山势修此台阶。建成之后，意外发现，台阶恰恰九十九级！天意？

于是，在台阶登临处，一位才子撰写铭文一则：《拾级而上，道无终极》，其正文曰：

一砖一石，铺垫延伸，连接梦想的天空；

一步一阶，步履维艰，考验行者的执着；

一级一程，登高望远，拓延生命的长度。

台阶——梦由心生，拾级而上……

晨露映翠，斜晖铺阶，一俯首一抬头，须知光阴易逝；

周而复始，上下求索，一驻足一流连，当思学无止境；

人生登阶，厚德载物，一菩提一因果，切记天道酬勤。

台阶——恒心久远，九九归真……

“九”为天数之最，吉祥数字，阳爻之代称。“九”与“十”一步之遥，“十”则满，满则溢，溢则损；而“九”，多而不满，进取有为，九九归一。

“九”又为“多”之意。九之久也。世间诸事，历久累丰，量多方有质变。西天取经，九九八十一难，缺一不可得真传。

人生，就在路上。学子求学，日日登阶，一阶一高度，一级一境界。付出的是辛苦，洒下的是汗水，欣赏的是风景，收获的是喜悦。佛家因果，盖如此也。

一位学生从第一级台阶狂奔而上，登临高点，气喘不止，蹲坐于台阶之上。又一位学生气定神闲，逐级而上，悠然走过同学身旁。树叶在他们登过的台阶上翩然落下，小鸟在他们头顶上鸣啾着轻快飞去。

老师走上台阶的步履和学生是不同的。年长者迟缓而沉思，年青者轻盈而欢悦；封闭者低头看路，开放者左右赏景。老师极少有狂奔而上者，也罕有坐于台阶小憩者。

学生问老师，为啥不铲去台阶，平缓坡度？

老师答之，人生并非皆为平路。何处坦途，何处崎岖，何处通达，何处曲折，皆因“势”而定。“势”只可踏过，不可避过。人生，就是登阶。走过童年，经过少年，越过青年，穿过中年，踏过老年，哪一程台阶都有风景，不因风雨而阻隔。

雨天，登阶的学生中，滑倒者有之，站起来再走；扭伤脚者有之，一瘸一拐继续走。

孤独的登阶者，相扶的登阶者，沉思的登阶者，欢笑的登阶者——孩子们在这里走过春夏秋冬，感受喜怒哀乐，成长着。

九十九级台阶，给了学生很多的感悟。很多毕业的学子，专程从远方回到母校，再度登临台阶。他们在这里遗落了成长的记忆，捡起这些记忆，可以让他们去登临更高、更陡的九十九级台阶。

风物长宜放眼量，走上去，方可把世间万物尽收眼底。

这里的学子，从这里登临，向他们一个个的人生高点进发。

这里，即东华。

（2015年9月29日）

燕岭，燕岭

不知这里为何叫燕岭，也许是多年前许多燕子在此栖息，故而得名?

先想象一下：成群的燕子在大片的湿地上空欢快地追逐嬉戏，鸣啾相和，时而翻飞，时而隐匿丛林。水草与鲜花争奇竞秀，垂柳与小溪相依相偎，清风拂面，馨香幽幽，水流潺潺，鱼翔浅底……能不令人心旌摇曳?

这不是梦境，而是实景，是拥有“国字”招牌的燕岭湿地胜景。

南国多水，岭南景幽。燕岭湿地居莞邑松山湖生态园，与月湖湿地相接。绿水穿行岛群，莲荷缀饰湖面，堪称植被王国、水鸟天堂。因其循环补水、尾水再生等多功能绿色水系完备，燕岭湿地早已声名鹊起，美名远扬。故在珠三角拔得“国家城市湿地公园”头筹。

没有闹市喧嚣，只有自然宁静，聆听心灵之声，享受天人合一。“骑行一族”在燕岭绿道潇洒疾驰；“情侣一族”在花间林荫喁喁细语；“健身一族”在“芳草萋萋”的水岸蹲马步，练太极，与自然零距离亲近，何其美哉！亭间小憩，约二三好友神聊；闲来无事，邀一二棋友对弈；享受孤独，拥大片绿地沉思；与书为友，携一本爱书同行……皆可把时间忘却，让尘世远离，何其悠也！

生活，生态，生命。自得，自由，自然……

似乎不经意间，燕岭湿地旁，一学府悄然而起。消息灵通人士云，东华进驻。

燕岭？东华？何以相生相偕？东华与燕岭因生态结邻，因绿色结缘，应有一段佳话。燕岭灵秀之地，今又掬东华一校书香，当惊莞邑殊！东华南粤名苑，今再撷燕岭一袭花韵，当领杏坛风！东华教育将“绿色”植入，革故鼎新之势已成，宏图再展之势已定。世人瞩目燕岭，更瞩目东华。

当今功利之风日盛之时，教育急需“绿色生态”，还教育以生命的本真与活力。不知是机缘巧合还是天意使然，在与燕岭有缘之前，东华早已对生态教育情有独钟。“3+X 生态课堂”已是东华初中课堂专属名词。如果说“3”是定量，那么“X”则是无限“变量”。教育不但需要“定量”，更需要“变量”，因为孩子的发展有无限可能。虽然至今东华还在求取“X”这一变量的“最大值”，但是，探幽求解的脚步从未停歇。追寻身与心的和谐，获取心与自然的共融，生态课堂应凸显生命的个体，体现主体的多元。新知生成的课堂，师生共进的课堂，合作探究的课堂，立足发展的课堂，才是绿色课堂；“健康、生命、和谐、共生、多样、发展”才是生态教育需秉持的原则。东华在思考，也一直在践行。

燕岭另有一景乃摩崖石刻，“咸钦燕岭”四字相传为清光绪年间孙奭题书，并附诗曰：“文卿大雅，心广体胖，结庐燕岭，万物静观，池鱼逐荔，花鸟啼红，千林明月，叠嶂清风，与人同兴，佳景时适，高山仰止，书赠铭峰。”此景点原为古采石场，因深潭峭壁而成各种奇异景观，如“天女散花”“鳄鱼潭”“飞鼠岩”“了哥墩”“鱼跳龙门”等。主峰仅有 50 多米，虽不称奇，但陡立于石窟水面的巨型石柱“补天石”却极易引人寻幽探胜，并触发翩翩思绪。

教育，不也应当“补天”与“柱天”吗？

教育承载着太多的使命，因为它为未来而来，同时又行走于今日之土地，故视野与脚步决定未来之“天空”。今日教育如有大缺失，未来“天空”定有大缺憾。道德滑坡、思维固化、创新迟滞等将使未来国无良才。教育者，当有“柱天”与“补天”的忧患意识和使命意识。唯如此，民族可兴，未来可期。

伫望燕岭一侧，隆隆作响的起重机，高高的塔吊，忙碌的工人，40 万平方米的平面上同时拔地而起的建筑……东华，以其特有的执着在诠释着担当与梦想。在这片绿色的土地上，在燕岭这样一个鸟语花香、充满诗意的南国生态之园，东华，何尝不是在构筑一个新的宏大的人才“鸟巢”？若干年后，从这里飞出的“鸟儿”，定将会翱翔蓝天，为这个世界增添一道道靓丽的风景。

燕岭，有幸遇上东华；东华，有幸结缘燕岭！

（2015 年 12 月 19 日）

十二年，我依然记得

来东华十二年，虽然弹指一挥间，但是，人生有几个十二年？在忙碌的人生中，十二年对许多人来说也许只是一个模糊的记忆，但是，我依然清晰地记得和大家相处时的点点滴滴……

我清楚地记得，2002 年 5 月，我到陈金玉副校长办公室报到，第一次认识了爱咧着嘴笑的、头发有些乱的、皮肤有些黑的刘付旭老师。他给我的第一印象是，善良，亲切，很容易接近。

我清楚地记得，第一次语文集体备课时见到了陈纯老师，记得她那快速的语言和不笑时很严肃、大笑时很可爱的样子。

我清楚地记得，在升旗台下和周浩全级组长畅谈工作和未来。他那半生不熟的普通话让我听起来很费力，但是，我们直到夜色朦胧仍不肯离去。

我清楚地记得，在食堂第一次遇到向晖老师，被她那双大大的、漂亮的、会笑而且会说话的眼睛吸引。心中暗自诧异，眼睛竟然也可以长得如此美丽？

我清楚地记得，我们的陈旭强副主任天天在学校带着我们老师清理小广场上的淤泥和已经凝固的石灰、沙子。

我清楚地记得，苗条而洋气的蔡珊老师带着爽快的笑声走进集体备课的办公室，找同是英语备课组长的刘付旭老师，用我听不懂的白话在大声地交流。她的身上洋溢着自信和快乐。

我清楚地记得，我们主持工作的陈金玉副校长总是说不好普通话，有次在教师会议上开玩笑说，说普通话的老师咬字不要太准，不然学生会听不明白。

我清楚地记得，邵宁峡老师刚来学校时，还染着时髦的黄头发，衣着打扮好像大城市的人。后来，在领导的要求下，头发不得不染回了黑色。

我清楚地记得，张鸣副主任骑着一辆小型摩托车上下班，常常在夜色中来到校园，他的摩托车远没有陈校长的摩托车大和酷。

我清楚地记得，龙亚婴老师担任初二（6）班的班主任，深夜雨中送学生去医院的情景。电梯里，我经常遇到她和欧阳斌那个瘦瘦小小的女儿欧阳明，那孩子好像总是没有人照顾。

我清楚地记得，戴浩老师和我作为班主任代表，在张鸣主任主持的政教处会议上做班级管理经验介绍，会后张主任向我要发言稿，说要存档，而我的讲话只是列了一个提纲。

我清楚地记得，宝冬梅老师在军训时风风火火的形象，骑着自行车从大门口快速进来，好像有什么急事要处理。

我清楚地记得，杨锐洪副校长开会点名时，把李轶的名字读成了李铁。

我清楚地记得，当时还没有被曾鑫泉老师追到手的欧少媚老师见到每个人都会露出甜甜的笑容。那时她在看韩剧《蓝色生死恋·冬日恋歌》。我私下想，少媚这个名字听起来很像邻居家的小妹。

我清楚地记得，魏延文老师在军训时被某个领导带到我的面前，该领导告诉我："这是你们班的物理老师。"我抬头一看，猛然一惊，这个人怎么那么大的个子！

我清楚地记得，郭永芳老师所做的班主任发言让人感到很有水平。后来听说，她获得过全国优秀教师的称号。

我清楚地记得，在新教师培训时，在高中教学楼的走廊里，我和祁国才老师交流，问他身材为什么那么苗条，他给我的印象是，很真诚。

我清楚地记得，谢文姬老师在架空层给我们师生做的第一个心理健康讲座。

我清楚地记得，来自湖北洪湖赤卫队家乡的年轻人王洪安老师在教学楼的楼梯口和我谈教研。

我清楚地记得，孙亦尘老师坐在教导处办公室和我交流作文教学的情景。她那略显沙哑的声音让我感到，这个老师很懂语文。

我清楚地记得，谢家先老师所教的班就在初二办公室的旁边，每天上午都能听到他用他那特有的缓慢而有磁性的声音上他的数学课。

我清楚地记得，王慧、王珂、郑晓云、刘健、田云亮、王永、杜庆华、潘秀群、李树峰、郭建丽、李伟、邵占强、任晓春等一大批刚从大学出来的青年才俊给我们新生的东华带来的青春和朝气。

我清楚地记得，直到那年的国庆节，我们才搬到新的教师宿舍楼，结束了住学生宿舍、睡上下床的生活，结束了晚上睡觉会被刺鼻的油漆味熏得眼泪直流的历史。

我清楚地记得，我搬到了三室一厅的教师宿舍楼，和陈申文老师、陈纯老师、樊威老师成了邻居。我经常跟樊威老师的儿子杨驰宇开玩笑：羊应该吃草，怎么会吃鱼呢？

我清楚地记得，刚开学不久，陈申文老师的两个可爱的双胞胎女儿憧憧、憬憬就出生了，与东华同岁。虽然直到现在我依然分不清哪个是憧憧、哪个是憬憬，但是，我依然记得她们小时候的样子，依然感到，陈申文老师给两个可爱的女儿起的名字的寓意：对美好的未来充满憧憬和希望！

我的记忆还有很多很多，请原谅我不能把这些记忆一一列出。但是，镌刻在心中的记忆，是那样清晰，已经成为心灵深处永恒的财富。

一切的一切，似乎就在昨天。十二年，弹指一挥间，五十五个创业者，我们一直坚守在这里。回不去的岁月，忘不了的时光，抹不掉的记忆！亲爱的同事，我们今生有缘能在东华共事十二年，这是何等的缘分，何等的福分！人生能有几个十二年，请让我们倍加珍惜上天赐予的缘分和福分！

老师们，东华今日的成就，得益于十二年前我们的一份选择，一份勇敢，一份力量，一份付出。东华的历史会记住我们，我们也会永远感念东华。

谁让我们是东华的开拓者！谁让我们的心已经熔铸在东华这片土地！今后，我们依然要担当，依然要贡献，依然要走在其他老师的前面。

谁让我们是东华的开拓者！

（写于 2014 年）

东华向前

——在东华教育集团松山湖生态园校区一期工程竣工启用典礼上的致辞

尊敬的各位领导、各位嘉宾、老师们、同学们：

早上好！

大美东华迎嘉宾，生态教育开新篇。今天是个好日子，也注定是一个值得铭记的日子。东华教育集团松山湖生态园校区一期工程顺利竣工并开始启用了。这是东华教育发展史上的大事，也是东莞“慧教育”的一大盛事。

如同一颗璀璨的明珠镶嵌在美丽的国家级生态产业园，东华教育集团在这里又有了新的家园。在这喜庆的日子，我们首先要感谢市委、市政府以及教育主管部门的亲切关怀与指导，感谢社会各界与广大家长对东华教育的信任与支持，感谢所有投身东华教育特别是第一批来新校区工作的教职员工，同时也要感谢第一批入读生态园校区的亲爱的同学们。谢谢你们！

十五年前，李胜堆董事长怀着对教育的满腔热忱投资兴办东华教育，“面向全体，发展个性，立足教育，奉献社会”是他坚定的教育追求。十五年来，东华走过了一条不平凡的发展之路。从高中教育发端，到幼儿园、小学、初中、高中“一条龙”的教育体系的建立，由小到大，由弱到强，东华教育集团在不断丰富与完善着自己。十多年前不为人知的东华，现在已经名扬南粤大地。一组组关于东华高考与中考惊人的数据被人传颂，一个个关于东华教育感人的故事被人津津乐道。东华永远不会停息自己的脚步，也一直在与这个时代共同进步；东华有更加高远的教育追求，也一直在不断超越自己。今天，东华教育集团松山湖生态园校区的创建，标志着东华教育在向更加高远的境界迈进。

教育的使命是培养能够在未来社会生存、发展与创新的人才。东华是一个心怀梦想、永远进取的群体，东华人是一群拥有大爱情怀、登高望远的教育追梦人。十五年的教育耕耘让东华深感教育责任之重大。为国育英才，为未来聚贤良，东华一直在担当。

松山湖生态园校区的创办为东华教育的大发展提供了新的契机。生态园钟灵毓秀，人杰地灵。东华人在这里将实现二次创业，实现东华教育的再度腾飞。

我们将坚持把育人作为东华教育的首要任务，让每一个东华学子成为高品位、高素养的人。李胜堆董事长多次强调，东华的学生一定要“心中有祖国，肩上有责任，身上有正气”。“三有”的育人思想，从国家、社会、个人三个层面给学生的品格与发展指明了方向。新的校区，新的开始，我们将会一如既往地坚持“德育为先”的原则，从心灵出发，培育学生的良好品质，力求每一个学生都能够“向善向上”“崇善致美”“心善行美”。

我们将坚持走素质教育之路，让东华学子拥有更高的综合素养和能力。未来社会需要的是高素质、高品位的复合型人才，中小学教育必须从学生的能力培养出发，让学生具备广阔的视野以及较强的合作能力、实践能力、探究能力与创新能力。我们将充分发挥大校资源的优势，给学生提供多元化的培养，全面提高学生的核心素养与核心竞争力，让学生在未来社会的竞争中发挥出自身的优势。

我们将坚持走特色发展之路，让东华学生的个性特长得以充分的发掘。东华教育集团进驻生态园，将与生态教育的理念深度融合，尊重生命，尊重规律，尊重个性，关心每一个孩子的成长，为每一个学生提供最适合的教育。我们将注重学校的内涵发展与文化建设，进一步开发适合学生个性发展的校本课程与社团活动，激发学生的潜能，张扬孩子的个性，让学生在最美的时光享受成长与成功的快乐。

我们将坚持走教育创新之路，让东华教育始终走在时代发展的前列。一直以来，东华人秉承“敢为人先的精神”，创造着一个又一个奇迹。我们深知，教育已经进入互联网时代，信息在瞬间传递，知识在快速更新，理念在不断超越，东华只有不断创新，才能拥有未来。以国际视野，创百年名校，深耕于我们脚下这片生态园沃土；以大爱之心，为未来而来，担当起我们自身的教育使命——东华，会一直向前。

今天，东华教育集团松山湖生态园校区以其现代、壮美、恢宏之形象呈现在世人面前，全体东华人将以“一流的管理，一流的师资，一流的质量，一流的文化，一流的环境，一流的服务”回报社会和家长对东华教育的信任。

从这里，东华人，再度出发，走向远方。

谢谢！

（2016 年 8 月 28 日）

向美而行

——在 2018 届学生毕业典礼上的讲话

亲爱的同学们：

又是七月，又是收获和离别的季节！

欣喜与伤感交织，祝福与叮咛相闻。今天，有太多的回忆，太多的心语，太多的不舍，太多的期待。很多美好的东西，我们渴望定格与永恒，但是，终究不过是瞬间与过程。离别带给我们的是伤感，但更让我们懂得珍惜的重要。三年时光，已成过往。一切的一切，都在向你们挥手作别。

时间的流逝，带来的不仅仅是岁月的累积，年龄的增长，更应该是心智的成熟乃至人格的完善。在这一点上，作为东华学子，你们是幸运的。多年来，东华一直致力于让你们在最美的时光任性地成长。我想你们不难体会到，东华的磨砺、关爱像阳光一样包围着你们，却又带给你们影响一生的丰厚收获。但是在你们离别之际，我心中却平添了诸多担忧。我担忧你们离开东华之后只顾“任性”，而失去成长；担忧你们只顾前行，而失去方向；担忧你们顺利时忘乎所以，遇挫时一蹶不振；担忧你们不知提升自己，从而失去自身价值；更担忧你们被红尘中的物质所迷恋，从而失去正直与坚韧的精神与灵魂。因而，临别之际，我对同学们有三句嘱托：（1）给自己的人生方向以正确定位：向美而行。（2）让自己的未来角色有社会担当：创造价值。（3）给自己的内心世界以强大支撑：锻造精神。

1. 向美而行

方向比路更重要。路可以有坎坷和泥泞，但是方向不能迷失和错乱。人生的方向应当向美而行！美好的理想，美好的追求，美好的品格，美好的事业，都应是我们前行的方向。

我希望从东华出去的孩子笑容始终是明媚的，目光始终是坚毅的，步履始终是稳健的，身姿始终是挺拔的，神采始终是飞扬的，气宇始终是轩昂的，眼界始终是开阔的，心地始终是善良的。我希望你们身上始终镌刻着东华气质，这种气质就是美质。

我们这一届的校服，也许你认为不怎么美。但是东华，早已把美的内质、美的精神传导到了每一个同学的内心深处。如果你脱下这身校服，走出东华的校门，你的身上依旧荡漾着东华的气息，你依然能在地铁上潜心阅读、在商场中言行有礼；如果你在一群同龄人中能被旁人敏锐地识别出曾经是东华学子，并被投来赞赏而羡慕的目光；如果你走上工作岗位后仍能保持谦逊踏实、不断进取，能从别人的苛刻、冷酷、懦弱、狡诈中成长并保持宽容、温情、无畏和真诚，那么，东华教育就是成功的，这正是我期望看到的。你们从美丽的东华园出发，各美其美，创造出美好人生的同时，也就照亮了周围的世界，实现了美美与共。

请记住，在这个纷繁的世界上，当你对前路迷茫时，只需告诉自己，真善美是自己正确的人生方向！

2. 创造价值

要做一个有价值并能不断创造新的价值的人！

生命如同流星，最重要的是发光。你要能依靠自己的力量，在世间独立生存下去；你所从事的工作能为社会带来贡献，你就成了大厦华堂的一块砖石，你就有了自己的实际价值。你的存在，就有了最基础的价值意义。这是价值的第一层含义。

价值的第二层含义，是能惠及亲人，让你身边的人能因你而受益，能以你为荣。要让他们在提及你时，没有喟然长叹，没有伤心气愤，而有洋溢着的喜悦和发自心底的骄傲。让家人因你的存在而幸福，这是更高一层的价值。

当你的存在被社会所需要时，你就实现了价值的第三层含义。同学们，我们头脑要冷静，但心肠永远要热切。我们熟悉骆驼祥子和保尔·柯察金的命运，也深知二者人生走向背后深刻的原因。你是满足于狭隘的个人主义的胜利，还是愿意投身更广阔的社会，做有益社会、泽及一方事呢？我想，你的答案我知道。

价值的最高境界，是让民族和时代记录下你的功勋，彪炳着你的荣耀。这个目标也许过于宏大，有些同学可能会望洋兴叹。但我要这样跟同学们说，著名散文家王鼎钧先生说过，命运里有许多东西该属于你，只要你不断地向它索取，就一定能争到手。美国著名法学家、最高法院大法官霍姆斯也曾这样勉励年轻人：你灵魂的欲望，就是你命运的先知。放开眼界，拓宽胸襟，给你的才华和抱负一个无限辽阔的平台，试着把命运化作一则格言，镌刻在历史之中，也许，你就是伟人，伟人就是你，只要你愿意！

3. 锻造精神

同学们，在东华三年，你们最大的收获不是学业，而是意志的磨炼和精神的成长。这些将让你们终身受益。

人是物质的，更是精神的！唯精神独立，身体才因之而挺立。那么，我们需要怎样的精神呢？我们需要的，是能支撑我们意志、理想的一种向上、乐观的精神，是能让我们勇立潮头、溯流而上的一种敢为人先、不断进取的精神，是要直面人生、战胜困苦的一种执着求索、打不倒、爆不破的精神！

有人或许会说，精神的挺立太辛苦了，生活要奋斗，也要享受。同学们，你们见过竹林吗？你看竹子常常弯腰来减轻风的压力，但风不会一直刮，而竹子却一直在生长，越长越坚韧秀美。它与风的对抗固然是艰苦奋斗的过程，但它不也享受自己的力量和风姿吗？须知，艰难困苦是磨炼人格的最高学府。

有人或许又会说：“我在锻造精神，有人却在享用运气，这不公平。”你相信运气吗？运气或许是有的，但是千万别依靠它。指南针谁都有，但真正到达目的地的，靠的不是运气，是过人的智慧和无惧风浪的精神！

前路漫漫，苟安会将你带向峭壁，而停滞则诱惑你进入墓穴，唯有精神，能引领你踏上康庄大道，尽享日月光华。

请记住，从今之后，不管你走到哪里，都不要忘记自己是东华人！你好，东华就好！你是什么样，东华就是什么样！

请记住，东华是你永远的东华！老师是你永远的老师！“标哥”也是你永远的“标哥”！

亲爱的同学们，我们留不住时间，却留得住记忆；我们无法逃避别离，却能期待重逢。铭记一切的美好，珍藏所有的真情，母校会一直牵挂你们，关注你们，支持你们，祝福你们！

前程似锦，一帆风顺！

（2018 年 7 月 3 日）

向东华新生提出三点希望

今天，是你们值得永远铭记的日子，因为今天你们由小学生变成了中学生，而且是东华的中学生。这是你们人生中一件值得庆贺的大事，若干年后，相信你们会记得今天！

我代表东华，欢迎你们，祝福你们，期待你们在东华度过自己最美好的中学时光。

与全体同学第一次见面，我向大家提出三点希望。

1. 珍惜东华学子的身份，并为之骄傲，为之努力，为之争光

东华学校是东莞市、广东省乃至全中国规模较大的学校，多少心怀梦想的有志学子希望来这里求学。今年报考我校的学生有24000多人，你们有幸被选拔录取到东华，足以证明你们的优秀。社会对东华给予厚望，家长对东华充满期待，你们对东华心存向往，东华更是张开怀抱热情地欢迎你们的到来！作为东华学子，你们要倍加珍惜这个光荣的称谓，不要辱没她，要为她增光添彩！

东华，是英才汇聚的灵秀之地。建校十七年来，东华向清华、北大等国内外著名大学输送了大批优秀的学生。很多毕业生现在已经走向社会，在各个领域贡献着自己的智慧。今天，你们在最美的年华走进东华校园，接受东华精神的洗礼，意味着你们已经站在了成功的门槛。若干年后，相信你们中间也会出现一大批行业的精英，国家的栋梁，因为从今天开始，你们身上将打上东华的烙印，拥有东华的优秀基因。在东华，你们将会有很多美好的人生际遇，遇见一大批心存大爱的老师，遇见众多值得一生交往的同学，遇见浩如烟海、让你视野大开的知识，遇见许多让你终生难忘的心动故事。东华有一整套完备的育人体系，只要你努力，每一位同学都会在这里打下坚实的人生基础，走向成功的远方。

从今天开始，请每一个同学挺起你的胸膛，昂起你的头，自豪地告诉自己，也告诉别人，你是骄傲的东华学生，你将在这里享受成长，体验成功，让自己更加优秀！

2. 培育追求卓越的精神，铸就坚忍不拔的意志

东华是铸就光荣与梦想的地方，东华的学生必须具有坚定的意志、信念，严格的组织纪律，良好的文明素养以及敢为人先的拼搏精神。

东华与其他学校相比，是不一样的。不一样的要求，不一样的培养，不一样的锻造，不一样的成长！东华的“不一样”，就是东华对“卓越”的不懈追求！因此，来东华，你们要做好吃苦的准备，拼搏的准备，超越的准备，脱胎换骨、凤凰涅槃的准备。你不努力不要来东华，怕吃苦不要来东华，没有进取心、甘居人后不要来东华，东华就是要打造坚强的你、优秀和卓越的你！东华允许你暂时的不优秀，不允许你不努力而永远落伍。

请记住，东华希望你具备六大“特质”：善美之德、达观之心、坚毅之力、多元之才、创新之思、追梦之志。而要想具备这些特质，必须拥有两样东西：一是追求卓越的精神，二是坚忍不拔的意志。东华，不相信眼泪，相信的是努力和实力！请记住，用超越的精神和坚定的意志武装起来的人是不可战胜的。因此，从今天开始，抛弃你的懦弱，将自己塑造成一个勇往直前、敢为人先的东华少年。相信你是东华的骄傲！

3. 告别懵懂与稚嫩，开始明白并担当自己人生的责任

由小学到中学，你要告诉自己：“我长大了！”长大，意味着成熟与懂事，意味着责任与担当。“心中有祖国，眼中有目标，肩上有责任，身上有正气”，这是东华的董事长李胜堆先生对东华学子的希冀，其中的内涵需要同学们细细领悟。

父母把你们送到东华，是希望你们接受最好的教育，长大有出息，成为对社会有价值、对世界有贡献的人。而你们也应当理解父母的良苦用心，努力学习，不断超越，让自己从不优秀走向优秀，从优秀迈向卓越。这是每一个东华学子应该具备的信念。请相信，今天你们所有的付出，都是为了开启自己人生的美好前程，而学校、老师和你们的父母也都在为之不懈地努力着！

同学们，你们正处在一个伟大的时代，人文昌明，经济腾飞，科技日新月异，未来会给你们提供很多大有可为的平台。你们一定要做好充分的准备！明天的你是否优秀与卓越，前程是否光明与美好，在这个时代是否能立足并有所贡献，不是取决于你的父母，也不是取决于你的家庭给予你的丰厚的物质基础，而是取决于今天的你对未来是否有清醒的认识并开始你的行动！今天，6200 多名东华新生，你们一同来到东华，站在同一个起跑线上开始奔跑，谁是这个雄壮队伍中的优胜者？谁是甘居人后的落伍者？谁又是未来让人羡慕的佼佼者？让我们拭目以待！

请记住，没有苦中苦，难有甜上甜，这是一条经过多少人、多少事验证的真理。那些贪图享乐、怕苦怕累、不思进取的思想是在毒害你的青春。

请记住，成长中真正的快乐与幸福来自奔跑与超越！

东华相信你们！

（2018 年 8 月 21 日）

东华学子特质赋

一、善美之德

总如那池莲之静、幽兰之雅，
善美之德，
是投落在涟漪上的夕晖闪耀；
又似那山间泉水徜徉前行，
在时间的长河里，不涸不枯，常韵甘醇。

在物象星宇的浩渺空间，
装扮、点缀眼前沃野苍穹的，
除了山水的深浅斑斓，
一定还有善美在生命里际放的颜色。

择善而从，向美而生，我是东华学子，我骄傲！

二、达观之心

如果有来生，要做一棵树，
站成永恒，没有悲欢的姿势。
一半在土里安详，一半在风里飞扬，
一半洒落阴凉，一半沐浴阳光。

一片残叶，落在何处都是归宿；

一朵绽花，开在哪里都是芬芳。
不以物喜，纵然时间多繁华；
不以己悲，任凭风雨溅吾身。

洒脱者无意，达观者不惊，我是东华学子，我无惧！

三、坚毅之力

曾经在一片绝望的沼泽中，
丈深的泥潭紧扼住我们的咽喉，
我们却用信念支撑着，坚守着，
沸腾的热血似要喷薄而出！

当轮回的钟声响彻星城的每一个角落，
希望的期盼洋溢在每张坚毅的脸庞。
我们泼墨挥毫，书写恢弘磅礴的宏伟蓝图；
我们披荆斩棘，铸就无与伦比的壮丽诗篇。

言必笃定，行必坚毅，我是东华学子，我自豪！

四、多元之才

生而为人，当灵动如水，活跃于世间，
时而缥缈升腾，便随云朵肆意舞动，
时而翩跹而降，便从细雨低吟浅唱。
或藏于地下，含而不露；
或喷涌而上，清而为泉。
有时细腻，有时粗犷，有时妩媚，有时奔放。
它因势而变，舒缓为溪，低吟浅唱，陡峭为瀑，虎啸龙吟。
它因器而变，遇圆则圆，逢方则方，直如刻线，曲可盘龙。

融会贯通，多元灵变，我是东华学子，我追求！

五、创新之思

奔腾铜马沉淀于历史，
风雷吹撼，凝固无声。
今朝，在新的呼唤中，
又跃然出土，依旧四蹄生风。

新的社会，与新的时代
不要让曾经左右我们的步履匆匆
黑暗中，让华灯照亮，这是创新的光芒
迷茫时，让思想重建，这是创新的希望

勇立潮头，推陈出新，我是东华学子，我代言！

六、追梦之志

问一下未来，看见青春双眸闪过的希冀，
忘了眼前的萧瑟，
忘了失意时四壁回荡的声响。
梦想在生命中舞动，如同花间蝶舞飞扬，
哪管色褪阳残，却依然点染了忙碌的身影。

天上人间，只道是天涯一隅。
唯有揣一腔希望，不羁的纵情追梦，
迎着前进的号角，留下我们执着的身影。

天高海阔，壮志凌云，我是东华学子，我无悔！

七、特质愿景

愿为池莲，携善美之德，伫立于纷繁复杂的喧嚣尘世；
愿作海燕，怀达观之心，振翅于雾雨纷飞的汹涌浪尖；
愿乘骏马，凭坚毅之力，驰骋于飞沙弥漫的广袤大漠；
愿化流水，造多元之才，绕行于险峻曲幽的僻径暗池；
愿作清风，行创新之思，飘拂于墨守成规的沿袭旧府；
愿成苍鹰，立追梦之志，翱翔于云飘雾绕的万里苍穹。

（本篇作者蔡楚莹）

2019年新春，对东华学子的三点希望

一、多读书，打开自己的世界

这里说的世界包括两个领域，一是眼界，二是“心界”。

多读书可以让自己眼界大开，更充分地了解远去的历史，看清纷繁的现在，展望绚丽的未来。书，是文化的载体，文明的渡船，历史的链条，可以拉长人生的“感知度”。

多读书可以让自己“心界”洞开，让自己的精神世界更加丰富，从而更细腻地感知万物，洞察人性，辨析真伪。书，是领悟的指引，灵魂的舒展，可以扩展精神的“愉悦度”。

二、多探究，突破自己的思维

人的思维往往是直线型的，多探究，多实践，才能打破固化，走向开放与多向。思维的培育比知识的学习更重要。探究，是实现思维突破的关键，而探究的前提是发现问题。

正在用疟原虫感染治疗晚期癌症的科学家陈小平，因30多年前做学生时老师课堂上提供的两张地图引发思考，开始了极具医学价值的研究历程。如同砸在牛顿头上的苹果，世界上的一切现象都应是我们创造性思维的触发点。

求异，求新，逆向，发散，皆是突破思维定式的路径。只要你勇于去探究，定会有超乎想象的收获。

三、多修炼，提升自己的品位

修炼，指修心修行以达修正，炼身炼志以求炼真。

品位，包括三个层面：精神、意志和品格。

中学时代是人格的定型期，也是自我修炼的最佳期。修炼有时需要外在的强制因素，故离不开一定的痛苦。通过修炼，让自己实现精神的高雅，意志的坚定，品格的高尚，最终让自己成为高品位的人。

修炼应成为青少年成长的必修课。

中国的科幻大片《流浪地球》中，地球并不是在“流浪”，而是在去遥远的外星系寻找自己新的“太阳”。

每个人在人生路途中都不应流浪，都应有属于自己的正确的人生方向。

2019 年新春来了，坚定地向前走，向着希望走，相信所有的美好都会来到每一个东华学子的身边。

美好将纷至沓来！